Diogenes Taschenbuch 21695

D1729607

Alexander Sinowjew

Der Staatsfreier

oder
Wie wird man Spion?

Roman
Deutsch von
G. von Halle

Diogenes

Titel der Originalausgabe:
государственный жених
(›gosudarstwenny shenich‹)
Die deutsche Erstausgabe erschien 1986
im Diogenes Verlag
Umschlagillustration von
Tomi Ungerer

Veröffentlicht als Diogenes Taschenbuch, 1989
Alle Rechte vorbehalten
Copyright © 1986 by
Diogenes Verlag AG Zürich
40/89/8/1
ISBN 3 257 21695 5

Prolog

Auf der KGB-Hochschule »J. W. Andropow« hatte in der Unterrichtspause irgendein Witzbold folgendes Bild an die Wandtafel gemalt: ein nacktes West-Weib steht »Hände hoch« vor einem Russen, der den Lauf seiner Pistole in Form eines Phallus gegen sie gerichtet hält. Darunter die Erläuterung: »Das ist unsere Hauptwaffe«. Vor lauter Gelächter über das Kunstwerk merkten die Studenten nicht, daß ihr Lehrer bereits den Hörsaal betreten hatte. Kaum wurden sie sich seiner Gegenwart bewußt, rannten sie an ihre Plätze, wobei sie in ihrer Verwirrung vergaßen, das Bild von der Tafel zu wischen. Der Dozent betrachtete die Zeichnung und schmunzelte. Als darauf der für Ordnung im Hörsaal zuständige Student nach vorn stürzen wollte, um die Ursache der allgemeinen Heiterkeit wegzuwischen, hielt ihn der Lehrer zurück.

»Genossen Kursteilnehmer«, sagte er, indem er die Schüler bat, sich zu setzen, »dieses Bild erinnert mich an die Erlebnisse eines ganz gewöhnlichen Sowjetagenten in Westdeutschland. Da euch in nächster Zukunft ähnliches erwartet, will ich euch die Geschichte nicht vorenthalten, zumal ihr möglicherweise aus ihr lernen könnt. Selbstverständlich werde ich die Namen sämtlicher Akteure ändern, ausgenommen die allgemein bekannten historischen Persönlichkeiten, die Orte der Handlungen und Ereignisse sowie gewisse Daten. Ich nehme an, daß es keiner Erklärung bedarf, weshalb ich das tue.«

Die Schüler warfen sich verständnissinnige Blicke zu: fängt der »Alte« schon wieder an, seine Märchen »von dem, was die Arbeit eines Sowjetagenten im Westen in Wahrheit darstellt« aufzutischen! Die einen schickten sich an, »Schafskopf« oder »Schiffe versenken« zu spielen, andere wieder versuchten zu schlafen oder zogen westliche Spionageromane aus der Tasche, mit denen die Schulbibliothek mehr als reichlich bestückt war. Der Lehrer ließ den Blick gleichmütig über die scheinheilig Aufmerksamkeit demonstrierenden Gesichter seiner Zuhörer wandern und begann – mehr für sich selbst als für diese dünkelhaften jungen Schnösel, denen die Untergrabung des Westens »von innen her und auf neuem, höherem Niveau« erst noch bevorstand, den folgenden Bericht.

Erwachen

Wladilen Iwanowitsch Laptew, wissenschaftlicher Mitarbeiter am Institut für komplexe Forschungen der Akademie der Wissenschaften der UdSSR, parteilos, geschieden und so weiter und so weiter und so fort, schlug in seiner Kleinwohnung mit integrierter Sanitärzelle* im Moskauer Neubauviertel Nowyje Tscherjomuschki die Augen mit dem Gefühl eines nicht abzuwendenden Unheils auf. Gestern abend hatten sie im Institut die Wahl des Institutsdirektors und KGB-Generals Twischiani** zum ordentlichen Mitglied der Akademie der Wissenschaften der

UdSSR gefeiert. Genosse Twischiani beherrschte von den reinen Wissenschaften nicht einmal das Einmaleins. Doch befaßte er sich ja auch nicht so sehr mit der Multiplikation von Zahlen als vielmehr der von Sowjetagenten in den Ländern Westeuropas. Und auf diesem Gebiet bedarf es, wie seinerzeit irgendein Klassiker des Marxismus-Leninismus richtig zu bemerken wußte, »nicht der Arithmetik, sondern der Algebra der Revolution«. Von der Algebra hatte Genosse Twischiani allerdings noch weniger Ahnung, – genauso wie übrigens auch die Klassiker des Marxismus. Nur daß ihm hierfür zuverlässige Assistenten zur Verfügung standen. Die Wahl in die Akademie der Wissenschaften war für den Genossen Twischiani notwendig geworden, da er einen wichtigen Posten in irgendeiner internationalen Organisation übernehmen sollte, für den – dem Status dieser Organisation gemäß – nur ein bedeutender Wissenschaftler in Frage kam. Zum Zeitpunkt der hier zu erörternden Ereignisse war hinsichtlich der Besetzung dieses Postens ein bedeutender Sowjetwissenschaftler an der Reihe, weshalb die Institutsmitarbeiter in aller Eile eine Doktorarbeit für den KGB-General abfassen mußten, woraufhin ihm die führenden Wissenschaftler des Landes die hohe Ehre der Wahl zum ordentlichen Mitglied der Akademie der Wissenschaften erwiesen, ohne ihm erst noch den Status eines korrespondierenden Mitglieds zuzumuten. Freilich hätte es auch außer dem Genossen Twischiani noch genügend hervorragende Wissenschaftler gegeben, die sich fähig erwiesen hätten, den erwähnten Posten zu bekleiden, doch waren sie weder

General, ja nicht einmal Major des KGB. Und das ZK der KPdSU hatte nun einmal den Beschluß gefaßt, daß es weit einfacher und zweckmäßiger sei, einen KGB-General zu einem Akademiemitglied zu machen als ein Akademiemitglied ohne militärischen Rang zu einem KGB-General.

Grund zum Feiern war also mehr als gegeben. Die Tische, aus den Arbeitsräumen herbeigeholt und im Festsaal des Instituts aufgestellt, bogen sich vor grusinischen Spezialitäten wie Küken à la Tabaka, Saziwi, Gurischem Kohl, Lobio sowie Karsker Schaschlik, was alles man aus dem bekannten Moskauer grusinischen Restaurant ›Aragwi‹ hatte kommen lassen, dessen Chef ein Verwandter des Genossen Twischiani war. Zinandali, Mukusani, Kindsmarauli und andere kostspielige Markenweine, eigens aus dem sonnigen Grusinien, der Heimat des Genossen Twischiani hergeschafft, flossen in Strömen.

Ein Toast nach dem anderen wurde auf Ruhm und Ehre des Vaterlands der Partei, des ZK, des KGB, der bedeutendsten Persönlichkeiten des Landes sowie andere Heiligtümer der Sowjetgesellschaft ausgebracht. Der Chef der Sonderabteilung des Instituts, der KGB-Geheimabteilung im KGB-Geheiminstitut also, Oberst Chatschapuridse brillierte auf dem Bankett in seiner Funktion als Tischmeister und Tischredner mit einer Redegewandtheit, die selbst den alten Tschekisten, den ehemaligen Mitarbeitern des seligen Berija und inzwischen im Ruhestand, doch zum Zeichen der Hochachtung vor ihren früheren Verdiensten noch Mitglieder der Parteiorganisation, vor Ergriffenheit und Rührung die Tränen in die Augen treten ließen.

Wladilen Laptew zollte dem allgemeinen Jubel Tribut, indem er den kostbaren Tropfen über sein gewohntes Maß hinaus zusprach. Anfangs unterhielt er die Damen, die ihn von allen Seiten umringt hielten, mit Kalauern und harmlosen Witzchen, um dann zu Witzen überzugehen, die mit jedem Glas antisowjetischer wurden. Schließlich fand er sich mitten in einer ebenso zusammenhanglosen wie höchst seltsam anmutenden Rede. In dieser Rede bezeichnete er die Sowjetgesellschaft als einen stinkenden Morast und drohte damit, bei der erstbesten sich bietenden Gelegenheit in den Westen abzuhauen, um wenigstens noch ein paar Jährchen unter menschlichen Bedingungen leben zu können. Genosse Twischiani befahl an dieser Stelle, »diesem außer Rand und Band geratenen Flegel das Maul zu stopfen« und nannte Laptew einen »inneren Emigranten«. Der Institutssekretär und ständige Saufkumpan Laptews versuchte diesen unter Hinweis auf seinen nicht ganz nüchternen Zustand zu entschuldigen, woraufhin der Sekretär des Parteibüros den Institutssekretär seinerseits verminderter politischer Wachsamkeit bezichtigte. Mit den Worten »trunkener Mund verrät des Herzens Grund« schloß er seine Philippika. Schließlich befahl das frischgebackene Akademiemitglied seiner Sekretärin, »dieses besoffene Schwein«, sprich Laptew, mit seinem, des Generals Dienstwagen nach Hause zu bringen. So deutlich auch der General – und das nicht zum ersten Mal! – Laptew als Schwein und Schurken beschimpfte, so wenig konnte er ihm seine Wertschätzung versagen und wollte ihn um keinen Preis fallenlassen, da die meisten der wissenschaftlichen Arbeiten des Generals aus seiner, Laptews, Feder stammten.

Die nach einer Schlankheitskur erschreckend abgemagerte Sekretärin schleifte den vom ständigen hemmungslosen Saufen und pausenloser Völlerei aufgeschwemmten Laptew in seine Einzimmerwohnung im fünften Stock (einen Lift gab es nicht), legte ihn auf die Bettcouch und setzte sich daneben, um sich von der überstandenen Strapaze zu erholen. Wie es alte russische Sitte gebot, war sie Laptews, wenn auch höchst flauen, Annäherungsversuchen lange ausgewichen, zumal klar war, daß er es weniger aus Leidenschaft oder Zuneigung auf sie abgesehen hatte als einfach so, gewohnheitsmäßig und aus dem speichelleckerischen Bedürfnis heraus, der einflußreichen Ohrenbläserin des Generals zu gefallen. Und als die Sekretärin nun, nachdem sie bereits mehrere seiner Annäherungsversuche abgewehrt und damit der Pflicht der anständigen Frau nachgekommen war, sich wenn schon, dann nur aus Liebe hinzugeben, als sie nun also bereit war, vor Laptew zu kapitulieren, schnarchte dieser bereits, daß es über ganz Novyje Tscherjomuschki zu hören war.

Als Laptew die Augen aufschlug und eine Frau (wer das nur sein mochte?!) vor sich sah, die er schließlich an ihrer Knochigkeit und dem starken Zigarettengeruch aus ihrem Munde als die Sekretärin identifizierte, wollte er von ihr wissen, was eigentlich am Abend zuvor geschehen sei. Die Sekretärin berichtete, was vorgefallen war, nicht ohne dabei dick aufzutragen, worauf es Laptew im wahrsten Sinne des Wortes kotzübel wurde. Am ganzen Leibe schlotternd, tastete er sich an der Wand entlang und gelangte gerade noch rechtzeitig bis zur Sanitärzelle, wo er mit einem hysterischen Aufstöhnen sämtliche Küken à la Tabaka nebst Saziwi, Lobio, Kapusta, Schaschlik und dem kostbaren Zinandali, Mukusani, Kindsmarauli und allem, was er sonst noch auf dem Bankett in sich hineingefressen und -gesoffen hatte, von sich gab.

›Was jetzt?‹ dachte er, und der kalte Schweiß brach ihm dabei aus allen Poren. ›Die werden mich aus dem Institut schmeißen. Als Schmarotzer aus Moskau verbannen. Irgendwohin nach Sibirien oder in den Norden. Was mach ich bloß!‹

Während er sich seine Lage in den düstersten Farben ausmalte, verfiel die Sekretärin in typisch russischer Manier ins andere Extrem.

»Halb so schlimm«, sagte sie im munteren Ton eines Chirurgen, der einem Patienten beide Beine amputieren muß und gleichzeitig verspricht, ihn innerhalb von zwei Wochen wieder auf die Beine zu bringen, »es wird schon wieder werden. Den Gedanken an eine Reise in den Westen wirst du dir allerdings erst einmal aus dem Kopf schlagen müssen – genau so wie deine Festtagsprämie und Gehaltszulage. Alles nur halb so schlimm. Hauptsache, du gibst so schnell wie möglich deine Fehler zu und verurteilst offen und ehrlich die Dissidentenbewegung. Wo? Auf der Generalversammlung natürlich. Ich würde diesbezüglich etwas in die Wandzeitung setzen.«

Die Sekretärin versprach, außerdem noch mit dem Direktor zu reden. Der habe sowieso Verständnis für die ganze Angelegenheit, würde schließlich auch in den Westen abhauen wollen, wenn er nicht gerade General wäre und Gelegenheit hätte, ohne erst groß flüchten zu müssen, an die zehnmal pro Jahr in den Westen zu reisen. Kurz, Laptew sollte ruhig ihr, der Sekretärin, die Deichsel in die Hand geben, sie wüßte schon, was zu tun sei.

Der Rat klang einigermaßen zweideutig. Und Laptew fügte sich innerlich bereits – wenn auch widerwillig – der anderen Bedeutung, und zwar weniger aus einem echten Bedürfnis und der männlichen Eitelkeit heraus, die Zahl der Frauen, die er bereits gehabt hatte, um eine weitere bereichern zu müssen, als aus reinem Selbsterhaltungstrieb. Hätte er nur gewußt, daß das für ihn der erste Schritt auf dem dornigen Weg eines russischen Casanova sein sollte!

Er komplimentierte die Sekretärin hinaus, die versprach, »irgendwann am Abend« wieder vorbeizuschauen, und schauderte im Gedanken an das, was er sich da eingebrockt hatte, worauf er beschloß, sämtliche Hebel in Bewegung zu setzen, um die Gefahr, die ihm drohte, abzuwenden. Und der erste, der ihm in diesem Zusammenhang in den Sinn kam, war Stepan Wassiljewitsch Petuschkow.

Petuschkow

Mit Petuschkow war Laptew auf der Universität in einer Studiengruppe zusammengewesen, und er hatte seinerzeit mit ihm so manchen Fusel gekippt. Damals wurde Petuschkow allgemein einfach Stepka genannt. Nach Abschluß der Universität trat Stepka Petuschkow in den Dienst der »Organe«, will heißen des KGB. Näheres darüber, wie seine Karriere dort verlaufen ist, weiß niemand. Doch danach zu urteilen, daß der General-Direktor-Akademiemitglied-in-einem ihn ehrerbietig mit Stepan Wassiljewitsch anredete, muß er beim KGB einen nicht gerade unbedeutenden Posten bekleiden. Es heißt sogar, er sei zur rechten Hand Jurij Andropows avanciert. Stepan Wassiljewitsch hielt die Verbindung zu seinen alten Bekannten schon deshalb auch weiterhin aufrecht, weil sich ihm hier eine ideale Informationsquelle über die Stimmung unter den Moskauer Intellektuellen auftat, weshalb auch eine der Nummern seiner zahlreichen Diensttelefone im Telefonbuch ebenso wie in den Hirnwindungen vieler progressiv denkender Moskauer Intellektueller eingetragen war. Natürlich nicht unter Petuschkow, sondern unter irgendwelchen Phantasienamen wie Kurotschkin, Gusev, Woronin, Solowjew oder Krylow. Petuschkows Informanten erfüllten ihre Aufgabe mit Vergnügen. Es war ihnen gestattet, ebenso objektiv wie schonungslos die Wahrheit über alles, was sich »in unserem sozialistischen Spülicht« so tut, zu berichten. Und wenn diese Wahrheit auch unter dem Deckmantel der Verschwiegenheit preisgegeben und lediglich für Stepan Wassiljewitschs Ohren gedacht war, war es doch die reine, unverhohlene Wahrheit, an einem so sicheren und für ihre Existenz so ungefährlichen Ort ausgeplaudert, daß die progressiven Moskauer Intellektuellen sich mit vollem Recht als tapfere Streiter gegen die »eitrigen Geschwüre des Regimes« fühlten.

Stepan Wassiljewitsch hatte an der gestrigen Festlichkeit in Erfüllung seiner Dienst- und Freundespflicht gegenüber dem frischgebackenen Akademiemitglied teilgenommen. Auf Laptews peinlichen Fauxpas zeigte dieser nicht die geringste Reaktion. Er saß da wie ein steinerner Buddha, saß da, als existiere Laptew gar nicht. Er hatte es in seiner Stellung gar nicht nötig, die Faxen eines jämmerlichen Wurms wie Laptew auch nur bemerken zu müssen.

Laptew schaute auf die Uhr, suchte in seinem Notizbuch nach Petuschkows Telefonnummer, die unter dem Namen Ptizyn eingetragen war, und begann mit zittrigen Fingern zu wählen. Er merkte, daß er den Apparat doppelt sah, und hielt im Wählen inne. Kalter Schweiß trat ihm auf die Stirn, und ihm wurde speiübel. Endlich, nach dem zehnten Versuch, hatte er es geschafft. Einer von Petuschkows Stellvertretern war am Apparat. Laptew nannte das Kennwort und sein Informantenpseudonym. Sofort wurde er mit dem Chef verbunden. Petuschkow teilte ihm mit, er müsse ihn in einer wichtigen Angelegenheit sprechen und lasse ihm einen Wagen schicken.

Laptew wurde es darauf noch elender und beklommener zumute.

Konferenz der »oberen Etage«

Laptew konnte nicht wissen, daß so viel wohlwollende Aufmerksamkeit seitens Petuschkows gegenüber seiner Wenigkeit keineswegs zufällig war. Es handelte sich um nicht weniger und nicht mehr als die konkrete Realisierung einer neuerlichen Direktive der obersten Führung bezüglich der Sowjetspionageagenturen in den Ländern des Westens, die anläßlich einer soeben erst stattgefundenen Konferenz der »oberen Etage« zu diesem Thema befürwortet und angenommen worden war.

»Es muß nicht eigens hervorgehoben werden, daß unser historischer Gegner der Westen ist«, äußerte sich der KGB-Chef persönlich auf der Konferenz. »Ebensowenig braucht darauf hingewiesen zu werden, daß bei unserem Kampf gegen den Westen die Anwesenheit im Innern des Feindes sowie die Untergrabung und Zerstörung seiner Selbstschutzmechanismen von erstrangiger Bedeutung für uns ist. Eine Aufgabe von epochaler Bedeutung tut sich vor uns auf, nämlich die Länder des Westens auf dem Wege über unsere Spionageagenturen so weit zu unterminieren, daß sie zumindest für die nächsten zwanzig Jahre außerstande sein werden, sich zu einem Krieg gegen uns zu entschließen. Zu diesem Zwecke gilt es außer dem professionellen Agentennetz auch nach Kräften das nichtprofessionelle Massenagentennetz auszudehnen und zu verstärken. Für letzteres sind geeignete Leute ohne eigentliche Ausbildung heranzuziehen. Eine ausreichend große Anzahl solcher auf die eine oder andere Weise zu Spionagezwecken eingesetzten Personen vorausgesetzt, läßt sich aus solchen mehr oder weniger ungeschulten, unsystematisch und verstreut eingesetzten Sowjetagenten sowie ihren westlichen Helfershelfern ein gut funktionierendes, praktisch nicht aufzudeckendes Agentennetz aufziehen, das in der Lage sein wird, komplexe Aufgabenstellungen bis hin zu strategischen Problemen zu lösen. Jeder Agent handelt hierbei ganz im Rahmen der jeweiligen Gesetze des Landes, in dem er agiert. Seine Aktivitäten werden für sich genommen keinerlei Spionagecharakter haben. Solche Einzelaktionen sind vielmehr mit den zielgerichteten Spionageoperationen über professionell geschulte Agenten von Moskau aus zu koordinieren. Zudem ist das gesamte Agentennetz in dieser Form ganz von dem Land, in dem es eingesetzt ist und agiert, finanziell zu unterhalten.«

Die »obere Etage« hieß das Programm des KGB-Chefs zur Reorganisation der nicht-professionellen sowjetischen Spionagevorhaben in den Ländern des Westens gut. Der mächtige KGB-Apparat machte sich unverzüglich an die Aufstockung seiner Spionageagenturen mit neuen Kadern, die den gestellten Aufgaben in jeder Hinsicht genügten. So daß Wladilen Laptew, schon bevor er seine selbstmörderische Rede auf der Feier anläßlich der Wahl des KGB-Generals zum Akademiemitglied gehalten hatte, zu den Kandidaten zählte, die für diese Agentenrolle vorgesehen waren. Seine Rede trug nur noch zur Beschleunigung des Prozesses bei, ihn vom potentiellen zum aktuellen Agenten zu befördern.

Verwaltung West

Die Hauptverwaltung der Sowjetspionageagentur in den
Ländern des Westens wurde unter ihren Mitarbeitern der
Kürze halber Verwaltung West oder noch kürzer VW
genannt. Einige der VW-Mitarbeiter führen die Bezeich-
nung »Verwaltung West« einigermaßen ironisch im
Munde, andere wieder eher zynisch und wieder andere
im Brustton der Überzeugung, daß mit der Verwaltung
West das Schicksal des Westens steht und fällt. Das VW-
Gebäude liegt in einem dichten Kiefernwald bei Moskau.
Der ganze Komplex ist von mehreren Reihen hoher
Holzzäune umgeben, über die zusätzlich noch elektrisch
geladener Stacheldraht gespannt ist. Alle fünfhundert
Meter ein Wachtturm. Auf den Wachttürmen rund um die
Uhr diensthabende, mit Maschinengewehren ausgerüstete
Wachen, so daß jeder Quadratmeter des zum VW-Kom-
plex gehörenden Territoriums überblickbar ist und mit
den Maschinengewehren unter Beschuß genommen werden kann. Zwischen den Zaunreihen scharfe Moskauer
Wachhunde, eine spezielle, in den Jahren der Sowjetmacht
gezüchtete Rasse, die sämtliche Hunde der Welt an
Schärfe übertrifft. In diesem Zusammenhang sei die Bemerkung erlaubt, daß die genannten Sicherheitsvorkehrungen alles in allem einen Bereich kultureller Einrichtungen darstellen, in dem die Sowjetunion den Westen einschließlich der USA bereits überholt hat. Kurz, der Schutz
des VW-Bezirks ist so durchorganisiert, daß selbst Fliegen
und Mücken es vorziehen, daran vorbeizufliegen.

Ein Teil der VW-Mitarbeiter lebt innerhalb dieses geschlossenen Territoriums, das zu verlassen nur in besonderen Fällen und unter Einhaltung besonderer Sicherheitsvorkehrungen gestattet ist. Übrigens gelüstet es keinen der Bewohner danach, das Terrain zu verlassen, da sie mit allem Notwendigen in einer Weise ausgestattet sind, die die Versorgung der Bürger draußen »in Freiheit« erheblich übersteigt. Andere Mitarbeiter wieder werden in speziellen Autobussen und Wagen in die VW gebracht. Alle Mitarbeiter haben ausnahmslos zu bescheinigen, daß sie über alles, was mit ihrer Arbeit und ihrer Dienststelle im Zusammenhang steht, Stillschweigen zu wahren haben. Und da sie besser als alle anderen Bürger mit den notwendigen Gütern des Lebens versorgt sind und fürchten müssen, dieses Privileg zu verlieren oder schwere Strafen einstecken zu müssen für den Fall, daß auch nur eins der streng gehüteten Staatsgeheimnisse nach außen dringt, bleiben die Aktivitäten der Verwaltung West für »normale« Sowjetbürger, Verwandte und Bekannte der VW-Mitarbeiter eingeschlossen, ein völliges Geheimnis.

Chefverwalter Deutschlands

Jeden Morgen setzt sich aus einer der neuen Komfort-Wohnsiedlungen Moskaus eine schwarze Limousine in Richtung »Verwaltung West« in Bewegung – mit einer Nummer, bei deren Anblick die Verkehrspolizisten stehenden Fußes den Verkehr stoppen, um ihr freie Fahrt zu sichern. In diesem Wagen wird der Chef der Abteilung, die die Sowjetspionagezentrale in Westdeutschland leitet, zur Arbeit chauffiert. Er wird der »Chefverwalter« Deutschlands genannt. Die hinteren Sitze des Wagens nimmt seine Leibwache ein. Der Chefverwalter dürfte an die vierzig-fünfundvierzig Jahre alt sein. Mittelgroß. Unauffälliger, grauer Anzug. Ebenso unauffällige Gesichtszüge, ja man könnte eigentlich sagen – gar keine. Seine Leibwächter scheinen wenig jünger, sind ansonsten ebenfalls mittelgroß, untersetzt, mit kurzen Armen und Beinen und gleichermaßen unauffällig. Ihre Gesichtszüge sind wie die ihres Vorgesetzten ausdruckslos, wenn auch durchdrungen vom Bewußtsein der Wichtigkeit ihrer Funktion.

Der Wagen hält vor dem VW-Gebäude. Der Chef, gefolgt von seiner Leibwache, geht gemessenen Schritts darauf zu, bringt ein kompliziert ausgeklügeltes System von Gängen und Korridoren hinter sich und betritt sein Arbeitszimmer, das mit einem Tisch, Stühlen, Schränken und allem möglichen anderen Zubehör für einen mittleren Beamten (im Range eines Generalmajors) ausgestattet ist. An den Wänden die Porträts von Marx, Lenin, Dserschinskij, Leonid Iljitsch Breschnew, des Generalsekretärs des ZK der KPdSU sowie des KGB-Vorsitzenden Jurij Wladimirowitsch Andropow. Der Chef setzt sich an den Tisch. Sein Assistent tritt ein. Er hat Schriftstücke unter dem Arm, ist eine ebenso farblose und mittelmäßige Erscheinung wie sein Chef, zudem durch und durch devote Verläßlichkeit. Beim Anblick seines Assistenten macht sich im Gesicht des Chefverwalters für Deutschland herrschsüchtige Arroganz breit.

Der Verwalter Europas

Aus einem noch viel komfortableren und privilegierteren Wohnviertel der Hauptstadt fahren zwei schwarze Limousinen in Richtung VW. Im ersten der beiden Wagen sitzt der Abteilungschef der für ganz Europa zuständigen Sowjetspionageagentur. Man nennt ihn den Verwalter Europas. Im Fond sitzt sein Adjutant und im zweiten Wagen seine Leibwache. Der Europa-Verwalter ist circa fünf Jahre älter als der Deutschland-Chefverwalter und ein bißchen kleiner, ein bißchen fülliger, ein bißchen kahler und ein bißchen unauffälliger als er. Seine Leibwache unterscheidet sich von der des Deutschland-Chefverwalters nicht nur an Zahl, sondern auch durch größere Arroganz im Gehabe.

Das Arbeitszimmer des Europa-Verwalters unterscheidet sich von dem des Deutschland-Chefverwalters an Größe sowie Wert seiner Einrichtungsgegenstände. Hat also der Teppich im Zimmer des Deutschland-Chefverwalters einen Wert von tausend Rubel, dann ist der entsprechende Teppich des Europa-Verwalters doppelt soviel wert. Oder wenn das Breschnew-Porträt im Arbeitszimmer des Deutschland-Chefverwalters die Maße fünfzig auf achtzig hat, weist das entsprechende Porträt im Arbeitszimmer des Europa-Verwalters die Maße achtzig

auf hundertzwanzig auf. Der Ausdruck devoter Verläßlichkeit in Blick und Haltung des Assistenten des Europa-
Verwalters ist um einiges betonter und offenkundiger als
bei dem des Deutschland-Chefverwalters. Und was die
herrschsüchtige Arroganz des Europa-Verwalters anbelangt, so ist sie nicht nur – wie beim Deutschland-
Chefverwalter – irgendwie seinem Gesichtsausdruck zu
entnehmen, sondern beherrscht seine Visage von Ohr zu
Ohr und von der Glatze bis zum Kinn.

Herr des Westens

Aus dem allerprivilegiertesten und für gewöhnlich Sterbli-
che unzugänglichen Stadtviertel der Hauptstadt jagen in
Windeseile drei schwarze Limousinen in Richtung VW.
Sobald sie in Sichtweite kommen, stockt auf der gesamten
Strecke der normale Straßenverkehr. Die Passanten halten
im Laufen inne. Polizeimotorräder rasen unter Gehupe
die Straßen entlang. In der mittleren der drei schwarzen
Limousinen thront im Fond der Chef der gesamten Verwaltung West persönlich. Er wird der Herr des Westens
genannt. In der ersten und der dritten Limousine sitzen
seine Adjutanten sowie seine Leibwache. Der Herr des
Westens unterscheidet sich vom Verwalter Europas lediglich dadurch, daß er circa fünf oder zehn Jahre älter ist als
er und noch ein bißchen kleiner, fülliger, grauer und
kahlköpfiger. Seine Leibwache überragt diejenige des
Europa-Verwalters um das Doppelte. Der Teppich in

seinem Arbeitszimmer hat einen Wert von fünf- oder sogar zehntausend Rubel. Und das Breschnew-Porträt an der Wand hat die dreifachen Maße desjenigen, das im Arbeitszimmer des Europa-Verwalters hängt. Der Gesichtsausdruck des Herrn des Westens bekundet nicht bloß, nein, er platzt geradezu vor herrschsüchtiger Arroganz. Er erstarrt gleichsam zu Eis und verfärbt sich im wahrsten Sinne des Wortes, wenn sein Assistent lautlos in seinem Arbeitszimmer erscheint – das genaue Ebenbild der Assistenten des Verwalters und des Chefverwalters, nur noch farbloser und noch devoter. Seiner Leibgarde nach zu urteilen, entspricht der Status des »Herrn des Westens« demjenigen eines ordentlichen Mitglieds des Politbüros des ZK der KPdSU beziehungsweise des Regierungschefs eines westeuropäischen Landes, wiewohl der Name dieses Menschen nur wenigen Mitgliedern der Sowjetführung bekannt ist. Selbst seine nächsten Verwandten und Bekannten wissen nicht, worin seine Arbeit besteht.

Im übrigen hat er gar keine engen Freunde, und seine nächsten Verwandten sieht er nur zu den Mahlzeiten und auch das nicht jeden Tag.

Der VW-Arbeitstag

Die einfachen Mitarbeiter füllen die endlos langen Korridore der VW und verschwinden in ihre zahllosen Arbeitszimmer. Die Chefs aller Rangstufen nehmen an ihren Schreibtischen Platz. Auch der Herr des Westens setzt sich an seinen Arbeitstisch. Die Uhr des Spasskij-Turms am Eingang zum Moskauer Kreml hat soeben acht geschlagen. Für die am effektvollsten arbeitende Behörde der Sowjetgesellschaft hat ein ganz normaler Arbeitstag begonnen. Das Ausmaß der Arbeit ist gewaltig. Rechenschaftsberichte von tausend Agenten. Instruktionen für tausend Agenten. Studium und Weiterleitung der militärischen, politischen, wissenschaftlichen, wirtschaftlichen und sonstigen Geheimnisse, die im Westen gesammelt worden sind, an die verschiedenen Behörden und Unternehmen des Landes. Diese Geheimnisse umfassen alle Bereiche der westlichen Gesellschaft, angefangen bei Löffeln und Koffern bis hin zu den neuesten Computermodellen und Militärflugzeugen. Ein zahlenmäßig nicht zu erfassender Mitarbeiterstab ist beauftragt, alles zu verfolgen, was auf der Welt vor sich geht:

Wie die Devisenkurse stehen.
Was mit Prinz Charles geschah, als er vom Pferd stürzte.
Wohin der dauernd umherreisende römische Papst gerade unterwegs ist.
Was die »GRÜNEN« vorhaben.
Warum der Anschlag auf Sadat gelang und der auf die »Eiserne Lady« nicht.

Kurz, alles muß in Erfahrung gebracht und registriert werden, damit sich die Menschheit ja nicht unterstehe, vom von den Führern des Weltproletariats vorgezeichneten Weg abzukommen.

Agentenanwerbung

Und bei alledem ist auch noch ständig die bestehende Armee an Sowjetagenten durch neue Kader zu ergänzen, zu erweitern und zu vervollkommnen.

Tun wir einen Blick in eins der VW-Arbeitszimmer, wo Tag für Tag, Jahr für Jahr dieser Aufgabe nachgegangen wird. Wie bereits erwähnt, unterteilt sich die Sowjetspionageagentur im Westen in eine professionelle und eine nichtprofessionelle sogenannte Massen-Spionageagentur. In besagtem Arbeitszimmer befaßt man sich eigens mit der Massen-Spionage. Obgleich eine Massen-Spionageagentur der Größenordnung, wie es die sowjetische ist, eine vergleichsweise neuartige Erscheinung darstellt, haben sich hier bereits eigene Regeln und Vorschriften, Gepflogenheiten und Prinzipien herausgebildet. Nehmen wir den Fall folgender weiblicher Person: diese Person will einen Ausländer heiraten, der bei einer westlichen Firma in Moskau angestellt ist. Ist das möglich? Warum nicht?! Die Sowjetgesellschaft ist schließlich eine demokratische Gesellschaft! Man kann heiraten, wen man will – und sei es einen Marsmenschen. Man braucht nur ein Papierchen zu unterschreiben, was jede Frau in dieser Lage ohne zu zögern tun wird. Sie wäre auch bereit, Leib und Seele hinzugeben, nur um im verlockenden Westen leben zu dürfen! So also wird sie mir nichts, dir nichts zur Sowjetagentin in Westdeutschland, – der Vertrag ihres Mannes bei seiner Firma ist ausgelaufen, und er wird nach M. zurückgeschickt. Ihr Deckname lautet schlicht ›Ehefrau‹. Für sich allein genommen ist so eine Agentin natürlich völlig bedeutungslos. Aber als Rädchen im Getriebe der Massen-Spionageagentur wird sie ihre Aufgabe aufs beste erfüllen. Ihr wird nur eine einzige Funktion übertragen: telefonisch Informationen von Leuten entgegenzunehmen, die sie weder kennt noch jemals kennenlernen wird, wobei ihr der Sinn dieser Informationen in keiner Weise klar ist. Diese Informationen hat sie nach höchst einfachen Regeln, die ihr innerhalb weniger Stunden beigebracht werden, in modifizierter Form – beispielsweise in irgendeinen belanglosen Kontext gehüllt – an Dritte weiterzugeben, die ihr gleichfalls unbekannt sind und bleiben werden. Und das ist auch schon alles. Nach diesem Prinzip der Übertragung von Teilfunktionen arbeitet das gesamte Agentennetz dieses Typs. Einen bedeutenden Teil des sowjetischen Agentennetzes im Westen stellen die westlichen Bürger selbst. Beispielsweise irgendein Professor, der als Tourist nach Moskau reist. Er begeht die Unvorsichtigkeit, sich auf ein lächerlich belangloses Devisengeschäft einzulassen, was bekanntlich von den Sowjetgesetzen geahndet wird. Um einer Gefängnisstrafe zu entgehen, zeigt er sich einverstanden, dem KGB gewisse Dienste zu leisten. Ihm wird eine höchst originelle Funktion übertragen: die Aufmerksamkeit des Spionageabwehrdienstes seines Landes auf sich zu lenken, was auf den ersten Blick absurd erscheinen mag. Doch man bedenke, wieviel Leute überhaupt dem Abwehrdienst eines Landes zur Verfügung stehen! Hundert angebliche Agenten von der Sorte dieses Professors (auch sein Deckname ist ›Professor‹) sind in der Lage, den ganzen Sicherheitsdienst eines Landes durch seine Pseudoaktivitäten derart auf Trab zu halten, daß für die Überwachung wirklicher Agenten weder Kraft noch Zeit bleibt. Natürlich zeigt sich mit der Zeit, wer die angeblichen und wer die eigentlichen Agenten sind. Aber eben erst mit der Zeit. Und während man noch die einen angeblichen Agenten entlarvt, tauchen auch schon neue angebliche auf, und die ehemals angeblichen Agenten, an denen die Spionageabwehr inzwischen das Interesse verloren hat, können unbehelligt die Funktion echter Agenten übernehmen. Wie sich von selbst versteht, weiß der ›Professor‹ selbst nicht, welche Rolle er für den KGB spielt.

Dann zum Beispiel der Fall des ›Sportlers‹, eines jungen Kerls der Sorte, die früher in Moskau als Halbstarke bezeichnet wurden: Jeans, Lederjacke, lange Haare, Bart, pafft ausländische Zigaretten. Auch das Feuerzeug in Form einer Pistole stammt aus dem Ausland. Kurz, ein richtiger »Ausländer«. Dieser junge Mann hat eine Spezialschule für Deutsch absolviert, sich für alles Westliche begeistert, den Schwarzmarkt bestens kennengelernt und Beziehungen zu Ausländern gepflegt. Als seine Machenschaften größere Ausmaße annahmen und seine Ausländerbeziehungen sich zu ganz gewöhnlicher Spionage auswuchsen, wurde er geschnappt. Doch nach reiflicher Überlegung hielt man es für zweckmäßiger, ihn in den Westen, und zwar nach Westdeutschland abzuschieben, – als Deutschen, der ins Land seiner Vorväter zurückzukehren wünscht. Da er zu allem übrigen sich auch noch ausgezeichnet aufs Kartenspielen versteht, erhält er den Decknamen ›Sportler‹. Er verrät alle seine sowjetischen und westlichen Freunde und Bekannten an den KGB, verleumdet sie weit über das geforderte Maß hinaus und erklärt sich voller Begeisterung bereit, als Agent zu arbeiten, – nicht ohne zu geloben, »dem Vaterland nach bestem Gewissen in Treue und Glauben zu dienen und sein Vertrauen zu rechtfertigen«, – was man ihm natürlich nicht abnimmt. Er ist für die Sowjetspionage nun einmal nur in dieser seiner Rolle von Nutzen, in der Rolle des unzuverlässigen Agenten nämlich, zuverlässig allein in seiner Unzuverlässigkeit.

Der Agentenkandidat

Die Sache mit dem ›Sportler‹ war damit erledigt, und der für die Agentenanwerbung zuständige Offizier bat, man möge ihm die Unterlagen zum Fall Laptew bringen.

›Seltsam, dieses Leben‹, dachte er (denn er neigte wie viele sowjetische Staatsdiener seines Ranges zum Philosophieren) und öffnete eine dicke Akte, die zum Bersten voll war mit Denunziationen gegen Laptew. ›Da kann einer so korrekt und linientreu leben wie nur irgend denkbar, – denunziert wird er trotzdem. Wen stört schon dieser harmlose Trunkenbold, dieser Faulpelz und Weiberheld? Irgendsoein Weiser soll einmal gesagt haben, selbst Austern haben Feinde...‹

Hier die Fotos: Laptew von vorn und im Profil. Ein

Ganzfoto. Laptew am Strand. Natürlich bei weitem kein James Bond. Nichts zu machen, wir sind nun mal nicht aus demselben Holz geschnitzt. Verglichen mit diesen Westlern sind wir die reinsten Straßenköter. Im übrigen aber kommen aus unerfindlichen Gründen Männer wie dieser Laptew bei den Weibern an, manchmal sogar besser als dieser Schönling James Bond. Wie das nur kommt? Wenn er ein Weibsbild wäre, würde er an diesen Laptew keinen Blick verschwenden. Wer weiß, vielleicht hat dieser Laptew irgendwelche verborgenen Qualitäten? Vielleicht ist bei diesem Laptew die gewisse »männliche Stelle« besonders toll entwickelt? Aber das ist schließlich nicht seine Sache, nicht Sache eines Agentenanheurers. Er muß sich auf Anweisung von oben mit diesem »Casanova« befassen. Auf allerhöchster Ebene zeigt man sich an diesem Laptew interessiert. Seltsam.

Aus einer kurzen Notiz zu Laptews Person geht hervor:

Vater an der Front gefallen. Mutter gestorben. Geschieden. Einziger Sohn vom neuen Mann seiner Ehefrau adoptiert. Keine nahen Verwandten. Geht schnell Beziehungen zu Frauen ein und bricht sie ebenso schnell wieder ab. Starker Trinker, hat sich aber dabei in der Gewalt.

›Das scheint nun allerdings nicht gerade den Tatsachen zu entsprechen‹, dachte der Agentenanwerber. ›Man sehe sich nur mal die neueste Denunziation an, in der es um den Streich geht, den sich dieser Laptew auf der Feier aus Anlaß der Wahl des Institutsdirektors in die Akademie der

Wissenschaften geleistet hat! Dieser Punkt erfordert zweifellos eine Korrektur. Doch weiter.‹

Schweigsam, zurückhaltend. Beherrscht die deutsche Sprache, kann sich auf Englisch und Französisch verständlich machen. Kritisch gegenüber dem sowjetischen Gesellschaftssystem, wenn auch nur oberflächlich, gewissermaßen als Tribut an die Zeit und im Rahmen hohlen Geschwafels...

Nichts Besonderes dabei. Wer von uns kritisiert denn nicht unsere Gesellschaftsordnung?... Nun aber zur offiziellen Charakteristik des wissenschaftlichen Mitarbeiters im Institut für komplexe Forschungen der Akademie der Wissenschaften der UdSSR Wladilen Iwanowitsch Laptew.‹

Laptew, W. J., Jahrgang 1937, Russe, parteilos, höhere Schulbildung, Abschluß der Wirtschaftsfakultät der Universität Moskau 1960 mit dem Titel eines Kandidaten der Wirtschaftswissenschaften. Geschieden. Ein Sohn, Jahrgang 1962. Die Scheidungsumstände sind dem Parteibüro des Instituts bekannt und sind kein Hindernis für Reisen ins Ausland. W. J. Laptew arbeitet seit 1960 im Institut für komplexe Forschungen. W. J. Laptew ist an der Erforschung von Problemen beteiligt, die große Bedeutung für den Staat haben. Er hat in diesem Zusammenhang mehr als zehn wissenschaftliche Aufsätze verfaßt. W. J. Laptew nimmt aktiv am gesellschaftlichen Leben des Landes teil und besucht regelmäßig das propagandistische Seminar im Rahmen der Parteiaufklärung. Politisch diszipliniert, moralisch zuverlässig. W. J. Laptew war als Mitglied einer wissenschaftlichen Delegation 1967 in der DDR und 1969 in Bulgarien. Bemerkungen zu diesen Reisen keine. Direktion, Parteibüro und Betriebsgewerkschaftsorganisation des Instituts für komplexe Forschungen der Akademie der Wissenschaften der UdSSR empfehlen den Genossen W. J. Laptew für die zehntägige Reise nach Kanada im August 1970 als Mitglied einer wissenschaftlichen Delegation anläßlich eines internationalen Symposiums über allgemeine Systemtheorie. Das Gutachten ist auf der Sitzung des Parteibüros des Instituts für komplexe Forschungen der Akademie der Wissenschaften der UdSSR vom 15. Juli 1970, vgl. Protokoll Nummer 12, bestätigt worden (es folgen die Unterschriften des Institutsdirektors, des Parteibürosekretärs sowie des Vorsitzenden des Gewerkschaft-Bezirksvorstands. Das Lenin-Bezirkskomitee der KPdSU empfiehlt den Genossen W. J. Laptew für die Reise nach Kanada. Der Sekretär des Lenin-Bezirkskomitees der KPdSU (Unterschrift).

Diese Reise fiel für Laptew ins Wasser. In seiner Akte findet sich neben obigem Gutachten der Grund für diesen negativen Beschluß des KGB: eine anonyme Denunziation, gezeichnet »Patriot«, stellt die Behauptung auf, daß Laptew »nicht unser Mann« sei, vielmehr im Innern »wurmstichig« und daß damit zu rechnen sei, daß er nicht mehr aus dem Ausland zurückkehren werde. Die Denunziation war natürlich eine glatte Verleumdung. Solche Leute wie Laptew würden nie aus freien Stücken die UdSSR verlassen. Das wußte er, Major Wlassow, aus Erfahrung, vermochte aber nichts gegen den »Wink« des KGB zu unternehmen.

Aber da gab es noch ein anderes Gutachten über Laptew, das neueste. Diesmal geht es um eine Reise mit einer wissenschaftlichen Delegation nach Westdeutschland. Dieses Gutachten unterscheidet sich von dem vorangehenden dadurch, daß es die Tatsache der Ablehnung der Reisebewilligung für Kanada vermerkt. Diese Tatsache wäre nun ihrerseits ausreichend, um Laptew auch die Reise nach Westdeutschland zu verweigern. Doch das KGB hatte seine Ansichten über Laptew geändert. Auf einmal erschien es zweckmäßig, ihn ins Ausland zu schikken. Eine günstige Gelegenheit. Nur war leider die Zeit viel zu knapp, um ihn auch nur in primitivster Weise als Agenten zu schulen. So daß man nicht umhin konnte, ihm auch diese Reise zu verbieten, was auch wieder gut war, denn das konnte seinen Ruf als »inneren Emigranten« nur festigen.

Die Sekretärin meldete dem Major, daß »sie eingetroffen seien«. Der Major bat, einige Minuten zu warten, da er beschäftigt sei: die gewohnte Prozedur. Warten setzt das Objekt herab und stimmt auf den erhabenen Staatston ein. Schließlich gab er, nachdem er gemächlich und akkurat die Papiere in die Aktenmappe mit der Aufschrift »Laptew, W. J., Nr. 0375/934« zurückgelegt hatte, das Zeichen, die Wartenden eintreten zu lassen.

»Also, Genosse Wladilen Iwanowitsch Laptew, Jahrgang 1937, Russe, parteilos, geschieden, höhere Schulbildung, wissenschaftlicher Mitarbeiter und so weiter und so weiter und so weiter, hiermit schlage ich eine neue, lichte Seite auf in deiner alles in allem farblosen Biographie.«

Das Angebot

Laptew wartete auf den Wagen, der ihn zu Petuschkow bringen sollte. Er wusch und rasierte sich, zog sich an, brachte die Wohnung einigermaßen in Ordnung und versuchte vergeblich, wenigstens einen Tropfen Schnaps oder einen Zigarettenstummel aufzutun. Endlich klingelte es, er öffnete die Tür, und in die Wohnung trat ein mittelgroßer, untersetzter, unauffälliger Typ mit kurzen Armen und Beinen, in dessen unbewegte Gesichtszüge die Buchstaben KGB eingemeißelt schienen. Der Besuch machte Anstalten, sich auszuweisen, doch Laptew winkte ab, zog schweigend den Mantel an und folgte dem Abgesandten Petuschkows.

Aber der Wagen fuhr mit Laptew nicht in Richtung Alter Platz, wo sich Petuschkows Arbeitszimmer befand, sondern aus der Stadt hinaus.

»Stepan Wassilewitsch ist beschäftigt«, sagte Laptews Begleiter, als er sein Befremden bemerkte. »Er hat einem seiner Untergebenen aufgetragen, sich mit Ihnen zu unterhalten.«

Als Laptew das hörte, verlor er gänzlich den Mut und

verharrte die gesamte Strecke bis zur Verwaltung West in düsterem Schweigen. Es kam ihm gar nicht in den Sinn, daß sein Begleiter vor Neid kochen könnte.

›Der ist fein raus‹, dachte Laptews Begleiter. ›Der kann raus und im Westen leben. Kann das Leben genießen. Restaurants. Kurorte. Paris. Eiffelturm. Weiber aller Arten. Wird bestimmt mit Negerweibern schlafen... Und ich bin dazu verurteilt, bis in alle Ewigkeit in diesem Sumpf zu faulen!...‹

›Die werden mich bestimmt aus dem Institut schmeißen‹, dachte derweil Laptew düster, ›werden mich aus Moskau verbannen und irgendwohin nach Sibirien schicken, wo ich Vergebung abschuften darf. Der hat's gut, dieser Degenerat hier. Ist satt und ordentlich gekleidet und muß nicht denken. Was bist du doch für ein Idiot, Laptew! So ein warmes Plätzchen aufs Spiel zu setzen! Natürlich kein sonderliches Gehalt! Aber die Arbeitsbedingungen – ein Paradies für Faulenzer! Wo es doch für mich nichts Wichtigeres im Leben gibt, als es fertigzubringen, nichts zu tun. Und dieser Petuschkow ist ein Schwein. Hätte einem alten Freund auch helfen können. Das heißt, von Freundschaft kann ja wohl kaum die Rede sein! Schließlich ist Petuschkow der Gott, und ich, Laptew, bin nichts als ein Wurm vor ihm! Trotzdem eine Beleidigung...‹

Der Weg vom Eingang des VW-Gebäudes bis in das Arbeitszimmer, wo Laptew von dem oben erwähnten Mitarbeiter der Abteilung Westdeutschland erwartet wurde, schien Laptew endlos. In Moskau kursierten vage

Gerüchte über diese KGB-Gebäude in der Umgebung Moskaus, doch erwiesen sie sich als unzutreffend. Jetzt konnte sich Laptew selbst davon überzeugen, daß Gerüchte mehr Vertrauen genießen als amtliche Mitteilungen. Endlich standen Laptew und sein Begleiter vor der Tür mit der Nummer 3726 und befanden sich auch schon im Zimmer der Sekretärin, einer kleinen Person um die dreißig mit üppigen Formen und einem vulgären, runden Gesicht. Sie hieß die Eintretenden wortlos, mit einer flüchtigen Kopfbewegung, auf dem Sofa Platz zu nehmen, griff nach dem Hörer eines der Telefone, hörte sich an, was ihr ihr Vorgesetzter zu sagen hatte und legte ebenso schweigend und ohne ihre unbewegliche Miene zu verziehen den Hörer wieder auf.

»Der Genosse Major bittet zu warten«, sagte sie in eisigem Ton. »Er ist beschäftigt. Spricht mit dem General.«

Die zehn Minuten Wartezeit zogen sich für Laptew eine Ewigkeit hin. Nicht der kleinste Gedanke ging ihm durch den Kopf. Nichts als der Zustand stumpfsinnigen Wartens. Diesen Zustand kannte Laptew bereits: immer, wenn er eine Injektion bekommen sollte, übermannte er ihn. Nur trat er dann jeweils nur für einen Augenblick ein, und die Spritze erwies sich dann ja auch als gar nicht so schmerzhaft. Nun aber erwartete ihn eine riesige Spritze, wenn auch nicht ins Hinterteil, sondern ins Herz, ins Gehirn, in den Magen, in die Eingeweide. Derjenige jedoch, der die Spritze verabreichen sollte, nahm sich Zeit und genoß sichtlich den Zustand seines Opfers. Endlich ertönte auf dem Schreibtisch der Sekretärin ein Zeichen, und die Sekretärin deutete wortlos mit dem Kopf auf die Tür des Chefs. Laptew wurde von seinem Begleiter in das Arbeitszimmer hinter dieser Tür geführt. Auf einen Wink des Herrn dieses Arbeitszimmers verschwand sein Begleiter schweigend.

»Major des Staatssicherheitsdienstes Wlassow«, stellte sich der Inhaber des Arbeitszimmers vor und bat Laptew, Platz zu nehmen. »Bin bereits über Sie informiert.«

›Natürlich sind Sie das, wie könnte es anders sein‹, dachte Laptew ironisch.

»Stellen Sie sich vor, das bin ich«, sagte Major Wlassow, Laptews Gedanken erratend und trommelte mit den Fingern auf die dicke Aktenmappe vor sich.

Laptew sah, daß es eine dicke, altmodische, mit Bändern verschnürte Aktenmappe war.

›Da leben wir nun im Zeitalter der Computer‹, dachte er, ›und hier wird immer noch wie zu Großmutters Zeiten gearbeitet. In solchen Aktenmappen dürften schon bei der zaristischen Ochranka Denunziationen aufbewahrt worden sein…‹

»Computer haben wir auch«, sagte der Major, auch diesmal Laptews Gedanken erratend. »Aber dieser alte Aktenordner mit seinen Bändern ist dennoch besser. In Computern ist der Mensch nicht zu spüren. In dieser Aktenmappe hingegen liegt der Mensch gewissermaßen auf der Hand. Seine Individualität bleibt erhalten. Doch zur Sache. Sie ahnen, warum wir Sie haben kommen lassen?«

»Ja«, sagte Laptew.

»Und wie sehen Sie das Ganze?«

»Nicht so ernst.«

»Im Gegenteil, es ist höchst ernst. Schließlich haben Sie selber geäußert, daß Ihnen ›das Leben in diesem sozialistischen Sumpf zum Hals heraushängt‹ und daß Sie ›wenigstens ein paar Jährchen im Kapitalismus‹ leben möchten. So daß wir uns gedacht haben: warum sollten Sie eigentlich nicht tatsächlich im Kapitalismus leben dürfen?! Den richtigen Kapitalismus können wir Ihnen leider nicht verschaffen. Was kann man machen, das ist nun mal Vergangenheit und vorbei. Aber den faulenden Kapitalismus, zu dem können wir Ihnen schon verhelfen. Sie können ruhig, wenn es Ihnen Spaß macht, ›im Westen leben, Freiheit und Überfluß genießen‹. Kennen Sie den Witz: der Kapitalismus des Westens fault, aber gut duften tut er...! Kennen Sie den? Na also.«

»Ich will nicht unbedingt in den Westen.«

»Wer von uns will schon unbedingt dahin?! Wir sind schließlich keine Dissidenten. Doch haben wir eine Verpflichtung gegenüber dem Vaterland. Ich habe hier nicht vor zu agitieren, – Sie können ja selber agitieren, wofür immer Sie wollen. Wählen Sie: entweder Sie machen Ihre Fehler irgendwo in Sibirien wieder gut, oder aber Rom, Venedig, Paris, Eiffelturm, Freiheitsstatue und was dergleichen mehr ist.«

»Aber mir fehlen doch dafür jegliche Voraussetzungen. Ich habe nicht einmal als Informant für Sie gearbeitet. Ich bin auch kein Adonis. Kein Sportler. Sie brauchen Supermänner, und ich...«

»Jeder gebildete Sowjetmensch durchläuft eine Lebensschule, die es ihm ermöglicht, jederzeit als ein guter Sowjetspion in den Ländern des Westens zu agieren. Ein paar Monate professionelle Schulung, ohne daß Sie deshalb Ihre Haupttätigkeit aufgeben müssen, und Sie sind ein größerer Profi als irgend so ein hergelaufener James Bond. James Bonds sind überhaupt nicht das, was wir brauchen. Die taugen höchstens für Filme, Heftchen und Blätter, die auf das Niveau der intellektuell und emotional unbedarften Massen zugeschnitten sind. Die eigentliche Arbeit der eigentlichen Agenten hat mit all dem nicht das geringste zu tun. Ihre äußeren Voraussetzungen spielen für uns keine Rolle. Im Westen werden Sie auf kein einziges weibliches Wesen treffen, das es nötig hätte, sich einfangen zu lassen. Schauen Sie sich doch mal an, wer von denen dort Schönheitspreise kriegt, wie sie alle aussehen, diese Miß Europa, Miß Amerika, Miß Deutschland und so weiter... Und im Ernstfall werden Sie gegenüber den »Schönlingen«, von denen es dort mehr als genug gibt, sogar noch im Vorteil sein. Dazu brauchen Sie sich keinerlei sportlicher Finessen zu befleißigen. Nicht einmal schießen und Karate müssen Sie dafür können.«

»Wozu brauchen Sie mich dann?«

»Vorläufig ganz allgemein als Reserve. Erst einmal ins Land hineinkommen. Fuß fassen. Sich mit dem Leben dort vertraut machen. Bekanntschaften und intime Beziehungen aufbauen. Beobachten. Analysieren. Das Land mit all seinen Vorzügen und Mängeln in sich aufnehmen, es wie sich selbst kennenlernen, es verstehen lernen, kurz, Spezialist für dieses Land und seine Lebensweise werden.«

»Aber wir verfügen doch über Hunderte von professionell geschulten Spezialisten für diese Länder!«

»Besser einmal gesehen haben als zehnmal hören! Kein, auch kein jahrelanges theoretisches Studium kann das bringen, was ein einziger praktisch gelebter Tag im Lande selbst vermag. Zumal Ihre Aufgaben nicht auf bloßes Sammeln von Erkenntnissen beschränkt bleiben sollen. Wir lernen den Feind keineswegs bloß kennen, um unseren Erkenntnishunger zu stillen.«

»Ich verstehe. Was also habe ich zu tun, sobald mein Erkenntnishunger gestillt ist?«

»Ihre konkreten Aufgaben als Agent ergeben sich dann aus den jeweiligen Umständen.«

»Ich muß darüber nachdenken.«

»Tun Sie das. Wir haben genügend Zeit.«

»Und der Zwischenfall gestern?«

›Nun ja‹, überlegte Major Wlassow, nachdem Laptew gegangen war (Laptews letzte Frage hatte er unbeantwortet gelassen), ›kein schlechter Kandidat. Stepan Wassiljewitsch hat recht: aus diesem Burschen läßt sich ein glänzender Agent machen. Man muß ihm nur das Spionage-ABC beibringen.‹

Bedenken

Laptew war erleichtert.

›Warum‹, überlegte er, ›sollte ich schließlich nicht im Westen leben?! Viele brennen geradezu darauf, und der Erfolg wird sich schon von selber einstellen. Das nennt man wahrlich Glück im Unglück. Freilich, auch hier geht es mir nicht gerade schlecht. Trotzdem, unser Sowjetdasein ist und bleibt doch ein hoffnungsloser Sumpf. Und der Westen ist, Mißstände hin, Nachteile her, nun mal der Westen. Ich muß mich schon fügen, es gibt ohnehin keinen anderen Weg. Ich geh erst mal hin, seh dann ja, wie es ist. Schließlich kann mich das KGB im Notfall auch wieder woandershin schicken. Machen viele so.‹

Zu Hause angekommen, schaute sich Laptew gründlich in seiner Wohnung um. Sie kam ihm auf einmal armselig vor. Er sah die Bestände seines Kleiderschranks durch und fand, es seien die reinsten Fetzen, die er da hängen hatte. Und er fand sich immer mehr bereit, den Vorschlag des Majors anzunehmen. Er zählte das Geld, das er noch im Portemonnaie hatte, und fluchte laut. Da hatte er nun Universitätsabschluß, war wissenschaftlicher Mitarbeiter, alleinstehend, aber mit seinem Gehalt kam er gerade hin bis zum Monatsletzten... Er verließ die Wohnung Richtung Getränkeladen. Für alkoholische Getränke war es noch zu früh: das Land führte gerade eine Antialkoholkampagne durch, so daß Alkohol erst nach dem Mittagessen verkauft werden durfte. Die Verkäuferin, die Laptew als guten Kunden kannte, machte ihm ein Zeichen, von der anderen Seite zu kommen. Er verließ also den Laden, ging um das Haus herum und kam durch den Hintereingang hinein. Hier war schon eine ganze Meute Alkoholbrüder versammelt. Einer wälzte sich inmitten leerer Kisten an der Wand, ein anderer in der Mülltonne. Einige erkannten Laptew und grüßten ihn. Er ging zur Hintertür des Ladens, streckte das Geld durch die halbgeöffnete Tür und kriegte eine Flasche Wodka in die Hand gedrückt. Sofort fand er sich von einer Horde ausgedursteter Saufbrüder umringt, die ihm gierig auf den Mund schauten. Laptew kippt die halbe Flasche runter, den Rest überläßt er den Schnorrern, die sich die Flasche gegenseitig aus der Hand reißen. Einer klopft Laptew auf die Schulter. Ein anderer belästigt ihn mit Küssen. Ein Dritter will ihn anpumpen. Da erscheint ein Milizionär. Er wirft einen gleichgültigen Blick auf die besoffene Versammlung und geht wieder. Einige Zeit später kommt ein Milizmotorrad mit einem speziellen Anhänger für den Abtransport der sich im Dreck wälzenden Besoffenen. Sie werden in den Anhänger verfrachtet. Frauen mit Kindern und Hunden erscheinen. Der Alkohol durchströmt Laptews Körper. Ihm wird froh und leicht zumute.

›Das ist das wahre Leben‹, denkt er. ›Was will ich noch? Sind diese Leute etwa schlecht? Sind keinen Deut anders als ich! Sind meine Mitbrüder. Das Leben ist schön! Muß bloß noch Geld für noch eine Flasche auftreiben, und dann geht es weiter. Und das KGB kann mich mal. Sollen mich ruhig aus dem Institut schmeißen! Meinetwegen auch aus Moskau raus! Ist doch völlig egal, wo man sein

Leben für nichts und wieder nichts vertut! Völlig egal, wo man krepiert...‹

Der Entschluß

Eine Woche war vergangen. Laptew hatte alle seine Geldreserven und auch das, was er sich gepumpt hatte, vertrunken. Worauf er Major Wlassows Vorschlag annahm.

»Bestens«, sagte der Major. »Und jetzt ans Werk. Es gilt, in das Innerste des Feindes vorzudringen und darin Fuß zu fassen. In der westlichen Spionageabwehr sitzen auch nicht gerade Dummköpfe. Sie müssen nur noch eine zumindest minimale Agentenschulung durchlaufen. In der Zwischenzeit werden Sie Ihren gewohnten Lebensstil weiterführen, sich ganz allmählich jedoch für die Augen und Ohren Ihrer Umgebung in der Richtung verändern, die sich in Ihrer berühmten Rede abgezeichnet hat. Nur nichts forcieren bei der Sache. Es muß völlig ungezwungen wirken. Erweitern Sie den Kreis Ihrer Bekanntschaften unter der kritischen Intelligenz. Bemühen Sie sich um Kontakte mit Ausländern. Pflegen Sie Umgang mit westlichen Journalisten. Wir werden Ihnen dabei behilflich sein. Wenn man Sie zu Spionagezwecken benutzen will, sagen Sie nicht nein. Aber übertreiben Sie's nicht. Die Leute, die Sie benutzen wollen, sollen ruhig das Gefühl haben, klüger und gewitzter als Sie zu sein. Sie können zum Beispiel so tun, als seien Sie an geheimen Experimenten auf dem Gebiet der Parapsychologie beteiligt. Im Westen besteht zur Zeit großes Interesse an unseren Erfolgen auf diesem Gebiet. Spielen Sie den moralisch labilen Trinker. Nun, was das angeht, brauche ich Ihnen nichts zu erzählen, da sind Sie Meister genug. Versuchen Sie, in freundschaftlichen Kontakt mit Professor Krylow zu treten. Wir werden Ihnen bei der Kontaktaufnahme helfen.«

Die KGB-Schule

Die KGB-Schule, wo Laptew mit den Grundbegriffen der Agententätigkeit und den für ihn vorgesehenen Aufgaben eines strategisch operierenden Spionagenetzes vertraut gemacht werden sollte, lag im selben Sperrgebiet wie die Verwaltung West in der Umgebung von Moskau. Der Unterricht wurde, ohne daß Laptew deshalb seine Tätigkeit am Institut aufzugeben brauchte, an arbeitsfreien und Bibliotheks-Tagen abgehalten, den Tagen also, die eigentlich für die Arbeit in Bibliotheken vorgesehen waren, sowie abends nach Arbeitsschluß. Zu seiner Verwunderung stellte Laptew fest, daß sich das Studium an dieser Schule weit interessanter gestaltete als seinerzeit auf der Universität. Den Unterricht erteilten versierte Fachleute, die bemüht waren, den Kursteilnehmern in einem Minimum an Zeit ein Maximum an Wissen zu vermitteln, ein Wissen übrigens, das ganz offensichtlich praktische Bedeutung hatte. Außer den Disziplinen, die sich direkt mit Spionage beschäftigten, standen folgende Fächer auf dem Stundenplan: Fremdsprachen unter Anwendung der bekannten modernen Schnellverfahren, Geschichte, Staats- und Lebenskunde desjenigen Landes, in dem sie später eingesetzt werden sollten. Methoden zur Ermittlung und Auswertung von Informationen über dieses Land, Grundlagen der allgemeinen und angewandten Psychologie und vieles andere mehr. Den Kursteilnehmern standen so gut wie alle mehr oder weniger wichtigen Zeitungen und Zeitschriften des sie interessierenden Landes zur Verfügung, und sie konnten sich jederzeit Filmausschnitte und Aufzeichnungen von Fernsehsendungen ansehen. Der Unterricht über die Alltagspraxis in Westdeutschland erfolgte in einem eigens hierfür nachgebildeten Miniatur-Westdeutschland. Hier waren sämtliche Instrukteure vom Kellner über die Putzfrau und Bankangestellten bis hin zu den Polizisten Deutsche. Sogar die Dinge und Gegenstände, Papiere und Dokumente, mit denen die Kursteilnehmer zu hantieren hatten, waren echt. Unbegreiflich, wie das alles hierhergekommen war! Und was wohl der Unterhalt dieses Mini-Westdeutschlands auf dem Territorium der Agentenschule kosten mochte?! Als Laptew einem der Kursteilnehmer, der sich schlicht Viktor nennen ließ, seine Verwunderung darüber zum Ausdruck brachte, lächelte der nur spöttisch und sagte, daß das Ganze uneingeschränkt von den Deutschen selber bezahlt würde, und zwar im Rahmen des Kulturaustausches und unter Verdrängung der Tatsache, daß dieses Miniatur-Deutschland für den KGB arbeite.

»Das heißt also«, sagte Laptew, »wenn es in Deutschland ein vergleichbares Miniatur-Rußland gäbe, würde das…«

»… gleichfalls für den KGB arbeiten«, fiel ihm Viktor ins Wort.

Auch die Zusammensetzung der Kursteilnehmer machte Laptew stutzig. Herauszufinden, was das für Leute waren und woher sie kamen, war schlechterdings unmöglich: darüber zu sprechen, war ihnen verboten. Doch ihrem Gesichtsausdruck und ihrer Redegewandtheit nach zu urteilen, verfügten sie alle zweifelsohne über eine höhere Schulbildung und außergewöhnliche geistige Fähigkeiten.

»Aller Wahrscheinlichkeit nach«, sagte Viktor, »sind wir für die Rolle der ersten Agentengarnitur neuen Typs vorgesehen. Die nächste Garnitur kommt dann vermutlich schon gleich nach Schulabschluß in die Vorbereitungsmühle und die übernächste dann bereits im Kindergarten. Weißt du, wenn man bei uns erst mal ans Werk geht, dann rollt der Karren solange in der einen Richtung, bis er sich am Rande des Abgrunds wiederfindet. Aber das ist dann nicht mehr unsere Sache.«

Die Kursteilnehmer wurden in Kleingruppen aufgeteilt. Laptew kam in ein und dieselbe Gruppe wie Viktor. Außer ihnen gehörten noch zwei junge, recht attraktive weibliche Wesen um die fünfundzwanzig dazu, Lena und Tanja, sowie drei Männer etwa im gleichen Alter wie Laptew, Edik, Mark und Anton.

Sich außerhalb der Schule zu treffen, war den Kursteilnehmern untersagt. Sollte man sich aber zufällig begegnen, galt die Anweisung, so zu tun, als kenne man sich nicht. Selbstverständlich galt für alle die Vorschrift, sich gegenseitig genauestens zu beobachten und über alles auch nur im geringsten Verdächtige den Vorgesetzten Meldung zu erstatten.

Viktor

Viktor zeigte ganz offen Sympathie für Laptew und führte einigermaßen häufig »offene« Gespräche mit ihm. Laptew vermochte nicht dahinterzukommen, wie er sich das zu erklären hatte: mit der Offenheit des russischen Charakters oder dem Auftrag des KGB, ihm auf den Zahn zu fühlen? Eines Tages flüsterte ihm Viktor auf der Toilette zu, er, Laptew, solle sich vor Lena vorsehen, sie sei ein Spitzel. Das Ganze war mehr als lächerlich: ein Spitzel unter künftigen Spionen wäre ein Symbol für Mißtrauen gegenüber Menschen, denen man im Grunde genommen zu hundert Prozent vertrauen sollte. Laptew sagte zu Viktor nur, daß ihr Schicksal sowieso bereits beschlossen und keine Denunziation mehr in der Lage sei, es zu beeinflussen. Viktor jedoch war nicht seiner Meinung.

»Davon, welchen Ruf der zukünftige Spion in den Augen der Obrigkeit hier hat, hängt in bedeutendem Maße seine Karriere dort ab«, sagte er.

»Um welche Karriere soll es dabei gehen?!« sagte Laptew verwundert.

»Obgleich unser Spionagedienst unter den Bedingungen der Länder des Westens arbeitet, bleibt er dennoch eine sowjetische Institution«, sagte Viktor. »Für sie gilt all das, was die sowjetischen Verhältnisse kennzeichnet.«

»Und da dem nun mal so ist«, lächelte Laptew spöttisch, »werde ich es nicht weiter bringen als zum Unter-Spion beziehungsweise Spionage-Hilfsmitarbeiter.«

»Wer weiß!... Plötzlich hast du Schwein und wirst ein neuer Abel.«

»Oder ein neuer Kljausow.«

»Auch nicht schlecht.«

Tanja

Ungeachtet der allgemeinen Warnungen der Vorgesetzten sowie der besonderen von seiten Viktors versuchte Laptew, Lenas Gunst zu erringen. Aber sie gab ihm zu verstehen, daß sie zur Zeit besetzt sei, woraufhin Laptew sich ohne viel Umstände an Tanja heranmachte, die bereits selbst Interesse an ihm bekundet hatte. Noch am selben Abend erschien Tanja bei Laptew in der Wohnung und blieb bis zum Morgen.

»Unser KGB ist auch nicht allmächtig und allwissend«, sagte Tanja. »Mit einiger Auffassungsgabe und einigem Mut könnte man ihn nicht schlechter an der Nase herumführen als die westlichen Geheimdienste. Übrigens, wieviele Jahre hast du fürs Wohl des Vaterlandes schuften müssen, um an diese Luxuswohnung zu kommen?«

»Fünf«, antwortete Laptew.

»Hast du Aussichten, dich zu verbessern?«

»Nicht die geringsten. Es sei denn, ich heirate eine Wohnung...«

»Auf mich kannst du, was das angeht, nicht hoffen«, sagte sie. »Ich habe nur eine Zelle in einer Gemeinschaftswohnung. Ich hätte einen mit einer Wohnung haben können. Aber im Augenblick kann ich nicht ohne Genehmigung des KGB heiraten. Und wenn, dann nur einen Ausländer, dazu noch nicht mal irgendeinen, sondern einen nach Wahl der Vorgesetzten. Ich bin im Augenblick sowas wie eine Staatsbraut.«

»Lena auch?«

»Ich glaube nicht. Sie ist eher dabei, sich auf die Rolle einer Verführerin westlicher Diplomaten zwecks Diskreditierung und Erpressung dieser Leute vorzubereiten.«

»Gibt es noch was dergleichen unter uns?«

»Stell dich doch nicht dümmer, als du bist! Du hast doch sicher schon die da mit der feisten Visage und dem fetten Hintern, diese Blondine mit den gefärbten Haaren gesehen. Die hat man uns als ein Beispiel für heroischen Dienst am Vaterland vor Augen gehalten. Stell dir mal vor, sie hat sich damit einverstanden erklärt, sich mit Syphilis infizieren zu lassen, um einen westlichen Diplomaten anstecken zu können, dessen Geliebte sie war. Mit dem Ergebnis, daß es zum Skandal kam und der Diplomat Moskau verlassen mußte. Nicht nur das, er verschwand damit ganz von der diplomatischen Bildfläche. So daß diese Hure hier als eine Art Sowjetpartisanin Zoja Kosmodemjanskaja in KGB-Diensten gehandelt wird. Übrigens ist es gar nicht ausgeschlossen, daß du auch die Rolle eines Staatsfreiers spielen mußt.«

»Dummes Zeug.«

»Freu dich nicht zu früh. In Sachen Bräuten für Ausländer haben wir den Plan schon übererfüllt. Aber was die Freier anbelangt, sind wir noch im Rückstand. So daß du also durchaus Chancen hast.«

»Stimmt, bei uns heiraten viel mehr Frauen Ausländer als Männer Ausländerinnen. Was nur heißen kann, daß unsere Weiber mehr Erfolg haben als unsere Männer.«

»Teils schon. Unsere Männer haben in der Tat nichts so Verführerisches an sich wie unsere Frauen. Andererseits jedoch hat man im Westen noch nicht die Vorzüge unserer Männer erkannt.«

»Wart's ab, bald zeigen wir diesen westlichen James Bonds, was ne Sowjetharke ist.«

»Wir sollen übrigens demnächst auch Sexunterricht bekommen.«

»Wozu denn das?!«

»Die glauben wahrscheinlich, wir seien auf diesem Gebiet Hinterwäldler.«

»Und wie stehst du dazu?«

»Ich – gespannt. Immerhin ein Zeichen für Zivilisation!«

»Schade.«

»Was ist schade?«

»Daß du gespannt bist.«

»Da mußt du dich dran gewöhnen.«

»Woran?«

»Ohne aufrichtige Gefühle zu leben.«

Der Agentenkrieg

Die Vorlesungen über das strategische Agentennetz hielt ein junger, intelligent aussehender Mann. Er dozierte mit dem Ausdruck der Überzeugung und einer guten Portion Zynismus.

»Weltweit«, begann er, »werden zwei Varianten eines künftigen Weltkrieges diskutiert und vorbereitet – der Atomkrieg und der konventionelle Krieg. Wir sind das einzige Land der Welt, das eine dritte mögliche Kriegsvariante ernsthaft und praktisch in Erwägung zieht, den Agentenkrieg nämlich. Die Agentenkriegsvariante stellt hinsichtlich ihrer Vorbereitung und Durchführung für einen dritten Weltkrieg vom Materialaufwand her die billigste Variante dar, erfordert kein hohes Technisierungsniveau des Landes und ist, was Kriegsopfer und -folgen anbelangt, am weitaus humansten. Hier überschlagsmäßig einige Zahlen. Bei einem Atomkrieg kommen in Westdeutschland mehr als neunzig Prozent der Bevölkerung um, in einem konventionellen zwischen fünfzig und sechzig Prozent und im Falle eines Agentenkriegs nicht mehr als zehn Prozent. In letzterem Falle ist die Grenze zwischen Kriegsvorbereitung und dem Krieg selbst fließend. Die endgültige Zerschlagung des Gegners stellt hierbei lediglich die Schlußoperation des Krieges dar. Durchgeführt wird diese durch eine auf Landemanöver spezialisierte Agentenarmee, die unter völliger Geheimhaltung in unserem Landesinneren ausgebildet wird. Damit wir die Agentenkriegsvariante durchführen und sie unserem historischen Gegner aufzwingen können, müssen wir mit ihrer Vorbereitung hier und jetzt beginnen.«

Die Vorlesungen waren begleitet von Dia- und Dokumentarfilmvorführungen.

Der Eindruck war ebenso bedrückend wie überzeugend.

»Damit nun aber der Agentenkrieg tatsächlich und nicht nur den Worten nach das gewünschte Resultat erzielt, ist er notwendigerweise auf dem intellektuellen Niveau der modernen Wissenschaft zu führen«, sagte der Dozent. »Wollte man ohne wissenschaftliche Berechnungen auskommen, wäre einzig und allein schon für Westdeutschland eine Agentenarmee von mehreren Millionen Mann erforderlich. Es liegt auf der Hand, daß wir uns eine solche Armee nicht leisten können. Theoretische Berechnungen indessen zeigen, daß eine Agenten-Landungsarmee von hunderttausend Mann zur Erreichung besagten Zieles ausreicht. Doch muß diese Armee gut vorbereitet sein und mit der Präzision eines Uhrwerks funktionieren.«

Gespräche

In der Pause nach der Vorlesung kam es unter den Kursteilnehmern zu hitzigen Diskussionen.

»Also, Kinder, ich bin Berufsmathematiker«, sagte Edik. »Unter uns gesagt, diese Berechnungen stimmen hinten und vorne nicht. Stellt euch bloß mal vor, diese Agentenoperationen mißlingen in irgendeiner Hinsicht. Was dann? Man muß kompensieren können. Und außerdem braucht man Reserven. Und wenn man bedenkt, wie unsere Leute und Behörden arbeiten, darf man sicher noch einiges draufschlagen. Zieht man das alles in Betracht, sind alle die errechneten Größen etwa zehnmal höher anzusetzen, wodurch sich die Vorzüge dieser ganzen Agentenstrategie als null und nichtig erweisen.«

»Einverstanden«, sagte Mark. »Die Theorie, die er uns da vorgetragen hat, geht stillschweigend davon aus, daß unser Gegner blöd ist und passiv. Er ist aber nicht dümmer als wir. Und im Falle einer Gefahr wird er ganz bestimmt aktiv. Und was dann?«

»Dann überfallen wir die nächstbeste Bank und machen uns mit dem Geld Richtung Hawaii davon«, sagte Anton. »Tanjetschka, ich lade dich ein, mir Gesellschaft zu leisten. Ich werde dich mit Gold und Brillanten behängen und dich in Samt und Seide kleiden...«

»Dort heißt es entkleiden und nicht kleiden«, sagte Lena. »Nimm lieber mich mit, ich bin auch ohne Geld, Brillanten und teure Fähnchen mit von der Partie.«

»Meiner Ansicht nach ist hier sowieso jede Theorie und Strategie überflüssig«, sagte Edik. »Man muß nur einfach vor Ort schauen, was zu tun ist. Vielleicht ist es überhaupt gar nicht nötig, das betreffende Land außer Gefecht zu setzen.«

»Bravo«, sagte Viktor. »Edik, du bist ein Genie! Du hast die Intuition, die ein richtiger Agent braucht. Ich prophezeie dir eine Karriere als größter Spion des Jahrhunderts. Ihr alle werdet es noch erleben!«

Auswahl

Den verschiedensten unbedeutenden Anzeichen entnahm Laptew, daß alle anderen Kursteilnehmer ebenso wie er im Agentenfach Neulinge und gleichfalls unversehens hineingerutscht waren. Mark zum Beispiel hatte reiche Verwandte in Westberlin, die ihn zum Erben ihres Vermögens machen wollten, und ihn deshalb eingeladen hatten. Die Einladung hatte man ihm aber erst ausgehändigt, nachdem er sich bereit erklärt hatte, Agent zu werden. Viktor hatte man bei irgendeinem harmlosen Geschäft mit ausländischen Touristen erwischt, hatte ihm mit dem Gericht gedroht und ihm gleichzeitig einen Ausweg zu gegenseitigem »Nutzen« vorgeschlagen. Er erblickte in diesem »Ausweg« einen Fingerzeig des Schicksals und beschloß, nicht nur einfach Agent, sondern ein ausgezeichneter Agent zu werden. Deshalb liebedienerte er auf jede nur erdenkliche Weise vor den Vorgesetzten, saugte gierig jedes Wort von den Lippen der Dozenten und büffelte sämtliche europäischen Sprachen auf einmal. Schwedisch und Spanisch inbegriffen.

Lena war in ihrem kleinen sibirischen Heimatort vor Langeweile beinahe umgekommen. Eines Tages machte sie sich kurzentschlossen auf eigenes Risiko Richtung Moskau auf, um Filmschauspielerin zu werden. Bei ihrem

Aussehen, so meinte sie, wäre das überhaupt kein Problem. Nur gab es Hunderte von ihrer Sorte. Und Talent hatte sie auch keins. Ein untersetzter Mann mit Quadratschädel, der bei der Auswahl der Kandidatinnen dabei war, gab ihr seine Telefonnummer und bat sie, ihn am nächsten Tag anzurufen, was sie auch tat. Ein paar Tage später wurde sie ohne jede Aufnahmeprüfung in die KGB-Schule aufgenommen.

Die Agentenoperation

Die Vorlesung über die Organisation der Agentenoperationen hielt ein nicht mehr ganz junger Typ, der jahrelang in westeuropäischen Ländern als Agent tätig gewesen war. Er las seine Vorlesung träge und geradezu widerwillig, aber nicht ohne Sinn fürs Praktische herunter.

»Was ist eine Agentenoperation?« begann er. »Die Vorstellung von einer Agentenoperation als irgend etwas von Agenten Geplantem, Vorbereitetem und in die Tat Umgesetztem ist längst überholt. Zu einer Agentenoperation zählen wir alles, was das betreffende Land demoralisiert, desorganisiert und schwächt, was die öffentliche Ordnung stört, Unruhe verursacht und Verunsicherung, Chaos und Panik unter der Bevölkerung verbreitet. Überschwemmungen. Schneefälle, die den Verkehr zum Erliegen bringen. Epidemien. Entführungen von Unternehmern. Anschläge auf Politiker, Flugzeugentführungen. Explosionen. Katastrophen jeder Art. Das alles liegt in unserem Interesse, hat also den Charakter von Agentenoperationen. Wenn man im Westen beginnt, im Londoner Nebel und der sexuellen Freizügigkeit der Jugend den Arm Moskaus zu vermuten, dann dürfen wir konstatieren, daß wir ein gutes Geschäft mit dem psychologischen und ideologischen Zustand des Westens gemacht haben.

Für jedwede Agentenoperation, die wir vorhaben«, sagte der Dozent, »finden sich im Westen Leute, die genau dasselbe wollen oder vorhaben, die dazu in der Lage oder aber bereit sind, denjenigen zu unterstützen, der dazu in der Lage ist. Unsere Aufgabe besteht darin, diese Leute ausfindig zu machen, sie in der nötigen Weise zu beeinflussen beziehungsweise sie zu bestärken und ihre Aktivitäten zu stimulieren.«

Be- und Ausnutzung der Bevölkerung

»Unser Agentennetz in den Ländern Westeuropas besteht nicht nur aus Leuten, die formaliter oder willentlich und bewußt zu unseren Agenten zählen«, begann der Spezialist für die Organisation von Agentengruppen seine Vorlesung, »sondern auch aus Leuten, die nicht einmal eine Ahnung haben (oder so tun, als hätten sie keine), daß sie in irgendeiner Weise in die Aktivitäten unseres Aufklärungsdienstes involviert sind. Im Prinzip sind wir bestrebt, die Zahl unserer Agenten sowie die der von ihnen vorgenommenen Operationen auf ein Minimum zu reduzieren, indem wir den Umkreis der Agenten so organisieren, daß er von sich aus so zu funktionieren beginnt, als sei er unsere Agentenorganisation. Ich werde Sie im folgenden in einigen Vorlesungen darüber informieren, mit welchen Methoden solches erzielt werden kann. Ich beginne mit einem Musterbeispiel dieser Art.«

Im Auftrag

Eines Tages erschien Tanja nicht zum Unterricht. Auch das nächste Mal kam sie nicht. Laptew fragte Viktor, was los sei.

»Offenbar dienstlich unterwegs«, lautete die Antwort. »Bald werden wir alle nach und nach und einer nach dem anderen verschwinden.«

Bald verschwand auch Mark irgendwie unbemerkt. Ihm folgte Anton. Am längsten von allen hielt sich Viktor.

»Das bedeutet«, sagte er zu Laptew, »daß uns beide höchst wichtige Aufträge erwarten.«

Innere Emigration

Gleichzeitig mit seinem Studium an der KGB-Schule faßte unser Held nach und nach und mehr und mehr Fuß in den Kreisen der Moskauer »inneren Emigration«. Man verdächtigte ihn der Verbindung zum KGB. Doch war daran nichts Außergewöhnliches, da die, die ihn verdächtigten, ebenso verdächtigt wurden. Es läßt sich nicht leugnen, daß das KGB es verstand, aufs beste diese Atmosphäre allgemeinen Mißtrauens und ständiger Verdächtigungen in gewissen Kreisen der Sowjetgesellschaft aufrechtzuerhalten, zumal in dieser Atmosphäre sämtliche Verdächtigungen überhaupt ihren Sinn verloren und die echten Zuträger und künftigen KGB-Agenten ihrerseits keine Entlarvung riskieren wollten. Seine Reise nach Westdeutschland zerschlug sich natürlich. Auch das sollte zu seinem Nutzen sein. Denn so konnte er eine aus der Sicht antisowjetischer Kreise wichtige Information in den Westen schleusen, womit er bei den Leuten, von denen sein künftiges Leben im Westen zu einem guten Teil abhing, völliges Vertrauen errang. Diese Leute kamen gar nicht auf die Idee, daß sie ihm ermöglichten, in Moskau seine Zuverlässigkeit unter Beweis zu stellen, während sie seine zukünftige Tätigkeit im Westen vorbereiteten.

Über einen echten Informanten gelang es Laptew, in das Konzert eines populären Sängers illegaler Lieder zu kommen. Das Konzert fand in der Wohnung des ehemaligen Universitätsprofessors Krylow statt. Der Professor hatte im Westen einen skandalösen Artikel über die Ineffektivität der Sowjetwirtschaft veröffentlicht und hatte deshalb seinen Lehrstuhl verloren und war aus der Partei ausgeschlossen worden. Seitdem schlug er sich mit Gelegenheitsarbeiten und Almosen aus irgendwelchen geheimnisvollen Fonds durch. In der Wohnung des Professors lernte Laptew eine junge Frau ohne konkrete Beschäftigung und mit dem fremdländischen Namen Aida kennen.

Da nach Tanjas Verschwinden der Platz in Laptews Bett freigeworden war, überließ er ihn vorübergehend dieser Aida. Mit Professor Krylow trat Laptew in freundschaftliche Beziehungen. Laptew hatte irgendwann einmal seine Vorlesungen gehört und bei ihm Examen gemacht. Und der Professor erinnerte sich an ihn. Laptew wurde nun ständiger Gast bei den abendlichen Versammlungen in der Wohnung des Professors. Die Teilnehmer dieser Zusammenkünfte gehörten alle, abgesehen von den Zuträgern, die aus Dienst- und Gewissensgründen kamen, zur Kategorie der »inneren Emigranten«.

Die innere Emigration ist eine höchst interessante Erscheinung der Sowjetgesellschaft. Wenngleich es in ihren Reihen auch einzelne Individuen gibt, die nicht abgeneigt sind, ernstlich in den Westen zu emigrieren, will die überwiegende Mehrheit von ihnen nicht emigrieren oder aber hat nicht die geringsten Chancen rauszukommen. Ihr Bestreben geht lediglich dahin, im Rahmen der Sowjetgesellschaft eine Miniatur-Untergrundgesellschaft zu bilden, die vergleichsweise unabhängig von der offiziellen Gesellschaft existiert – mit ihrer eigenen Ideologie und Kultur, ihrer eigenen Moral, mit eigenen Bewertungskriterien für alles, was im Lande und auf der Welt vor sich geht. Diese »innere Emigration« war die Stütze der Dissidentenbewegung. In ihren Kreisen zirkulierten die »Samisdat«-Publikationen. Sie lieferte westlichen Journalisten Informationen. Gleichzeitig aber war dieses Milieu mit jeder Art von Leuten durchsetzt, die in der einen oder anderen Weise mit dem KGB zusammenarbeiteten. Die

Sowjetmacht konnte nur deshalb noch nicht zu einem entschiedenen Kampf gegen die »innere Emigration« antreten, weil die allgemeinen liberalen Tendenzen der Chruschtschow-Ära noch verhältnismäßig stark waren und sie abwarten mußte, wie sich die internationale Lage für die Sowjetunion gestaltete. Es versteht sich von selbst, daß sich das KGB diesen Umstand auf jede erdenkliche Weise zunutze machte.

Geheime Träume

Schon früher hatte Laptew gerne westliche Radiosendungen gehört. Wie jeder anständige Moskauer Intellektuelle las er keine Sowjetzeitungen und hielt die antisowjetischen Rundfunksendungen des Westens für die objektivste Informationsquelle über das sowjetische Leben. Inzwischen hörte er regelmäßig Westsender, – eine der Grundvoraussetzungen, um sich in den Gesellschaftskreisen, in denen er verkehrte, als »innerer Emigrant« fühlen zu können. Soeben wurde gemeldet, ein sowjetischer Biologe, der sich im Zusammenhang mit dem Programm für wissenschaftliche Zusammenarbeit in England aufhielt, habe beschlossen, nicht mehr in die Sowjetunion zurückzukehren.

»Recht so«, sagte Laptew.

»Glaubst du etwa, daß an der Sache alles sauber ist?« fragte Aida.

»Und wenn ich nach Westdeutschland gehe und dort bleibe?«

»Hast du denn überhaupt Chancen?«

»Mein Direktor hat demnächst eine Reise nach Westdeutschland vor. Da braucht er mich als Dolmetscher. Ich muß ihm seinen Vortrag aufsetzen. Es könnten sich Situationen ergeben, in denen er zu zeigen hat, daß er ein wirklicher Wissenschaftler ist. Und auf dem Gebiet bin ich für ihn unersetzlich.«

»Wenn sie dich gehen lassen, erkläre dich mit allem einverstanden. Und...«

»Und...?«

»Und bleib dort. In unserem widerlichen Sumpf kann man sowieso und wird man niemals leben können. Es kann nur schlechter werden. Übrigens bist du morgen beim Professor?«

»Weiß ich noch nicht.«

»Versuch doch wenigstens auf eine halbe Stunde vorbeizukommen. Dieser Typ da wird da sein. Ein amerikanischer Journalist. Übergib ihm dieses Päckchen hier. Aber so, daß es keiner merkt. Es werden bestimmt Spitzel da sein.«

Für alle Fälle

Laptew erstattete über Aidas Bitte bei Major Wlassow Meldung.

»Diese Aida ist CIA-Agentin. Wir schnappen sie vorläufig noch nicht, da sie, ohne es zu wissen, nicht nur denen, sondern auch uns dient. Allem Anschein nach interessiert sich der CIA für Ihr Institut, Laptew, und sie versucht, Sie als Informationsquelle zu benutzen. Widersetzen Sie sich nicht, aber zeigen Sie auch keine Eile. Wir bereiten indessen die Informationen vor. Sollte man versuchen, Sie anzuwerben, lassen Sie sich Zeit. Möglicherweise müssen Sie für alle Fälle zustimmen. Für alle Fälle...«

Am nächsten Tag übergab Laptew »unbemerkt« das Päckchen, das ihm Aida gegeben hatte, besagtem Journalisten in der Wohnung des Professors. Selbstverständlich hatte das KGB den Inhalt des Päckchens vorher kontrolliert. Das Päckchen enthielt nichts Besonderes. Offenbar war das Ganze einfach ein Trick, Laptew in illegale Aktivitäten hineinzuziehen.

Darauf traf Laptew diesen Journalisten »zufällig« in der brechend vollen Metro. Der Journalist steckte ihm »unbemerkt« ein kleines Päckchen in die Manteltasche, das Laptew seiner neuen Freundin überbrachte.

Einige Tage danach bat Aida Laptew, doch einmal zu erzählen, womit sich sein Institut so beschäftige. Laptew erzählte irgend etwas. Am nächsten Tag bat ihn Aida, das Ganze schriftlich niederzulegen. Laptew ließ sich nicht darauf ein.

»Ich bin doch kein Kind«, sagte er zu ihr, »ich weiß schließlich, wonach das riecht. Wenn du willst, diktiere ich dir, was ich weiß. Aber selber schreiben, das mache ich nicht. Ich will noch ein bißchen in Freiheit leben!«

Und Laptew diktierte Aida eine »höchst wertvolle Information über ein KGB-Geheiminstitut«. Einige Zeit später wurde der Journalist auf frischer Tat gerade in dem Moment ertappt, wo er sich mit Aida traf und sie ihm einige »geheime Daten« aus der Parapsychologie überreichte. Der Journalist wurde verhaftet. Er kriegte es mit der Angst und lieferte Laptew als »Pfand«, das heißt er unterschrieb ein Geständnis, wonach er Laptew angeworben und ihm, Laptew, wiederholt geheime Informationen zugespielt habe. Für diesen »nichtigen« Preis gestattete man dem Journalisten, das Land zu verlassen und sich nach Hause zu verziehen, nicht ohne ihm die schriftliche Verpflichtung abzuverlangen, über seinen Besuch beim KGB sowie den Inhalt des dort geführten Gesprächs Stillschweigen zu bewahren. Selbstverständlich zeigte er sich einverstanden.

Das Geständnis des Journalisten betreffend Laptews Anwerbung wurde beim CIA für alle Fälle zu Laptews Akten gegeben. Aida ließ man laufen. Sie stand nach alledem für alle Zeiten im Ruf, eine KGB-Agentin zu sein. Freunde aus dem Westen gaben Laptew zu verstehen, er solle sich vor ihr vorsehen.

Lady KGB-Hauptmann

In der Agentenschule – und nicht nur dort – zirkulierten Witze, Späße und Anekdoten jeder Couleur zum Thema Spionage. Schon am ersten Tag wurde Laptew mit der Anekdote traktiert, wie einmal ein hoher sowjetischer Parteibeamter in England war, von der Königin empfangen wurde, auf dem Bankett, das ihm zu Ehren gegeben wurde, einen über den Durst trank und unter den Rock der neben ihm sitzenden Lady kroch, und die Lady ihm auf Russisch ins Ohr flüsterte, er solle sich bitte nicht über das wundern, was er unter dem Rock vorfände, denn sie, die Lady, sei in Wirklichkeit der KGB-Hauptmann Iwanow.

Ein andermal erzählte man ihm die »wahre Geschichte«, wie russische Alkoholiker einem amerikanischen Spion einen Destillierapparat zum Schwarzbrennen von Wodka als Apparat zur Herstellung des neuesten Brennstoffes für Raumschiffe verkauften.

Nicht ausbleiben konnte auch der Witz von der Frau eines bekannten Sowjetdiplomaten, die ein gewisses Gerät für einsame Frauen, einen Vibrator, zum Schlagen von Schlagsahne benutzt habe.

Laptew hörte auch sämtliche Witze der Serie Lenin und Tschapajew als Spionagewitz-Variante. Kurzum, schon nach zwei Wochen kannte Laptew die ganze vorhandene Auswahl an Spionagewitzen und konnte damit seine Kollegen im Institut sowie seine Gesinnungsgenossen in der »inneren Emigration« unterhalten.

Oberst Kljausow

Großer Beliebtheit erfreuten sich bei den Kursteilnehmern die Geschichten von einem gewissen Oberst Kljausow, verheiratet mit der Erbin irgendeines Multimillionärs im Westen. Wie es hieß, hinkte der Oberst auf einem Bein und hatte nur noch ein Auge, eroberte die Erbin des Multimillionärs jedoch durch seine ungewöhnlichen sexuellen Fähigkeiten, die selbst die eines Don Juan und Casanova zusammengenommen übertrafen.

»Im Westen«, ließ sich ein geschwätziger Kursteilnehmer vernehmen, »werden Sexwettbewerbe veranstaltet. Ihr müßt nämlich wissen, dort finden zu jedem und allem Wettbewerbe statt. Sogar, wer wen im Spucken oder Niesen übertrifft. Bei so einem Sexwettbewerb also hat dieser Kljausow den ersten Preis gewonnen und seine Konkurrenten weit hinter sich gelassen. Bei der Gelegenheit hat ihn die Milliardärserbin kennengelernt und Lust gekriegt, mit ihm zu schlafen. Moskau gab die Genehmigung dazu, aber nur unter der Bedingung, daß sie offiziell heiraten, was sie auch taten. Aber schon bald ließen sie sich scheiden, denn es erwies sich, daß Kljausow impotent war.«

»Wie das?!?! Er hatte doch den ersten Preis gewonnen?!?!«

»Er hat sich eben angestrengt. Aus Liebe zum Vaterland. Laut Scheidungsvertrag erhielt Kljausow eine Wohnung in London, ein Landhaus in Casablanca, einen Tanker im Persischen Golf und...«

»... und wenn du nicht gleich aufhörst mit deinem Geschwafel, dann kriegst du eine ins Genick, daß du glaubst, dein Kljausow hätte sich angestrengt.«

»Meiner Ansicht nach hat das dieser Kljausow ganz anders gemacht.«

»Wie denn?«

»Die Westweiber sind sexuell übersättigt und lechzen nach irgendwas Ungewöhnlichem, Scharfem. Das hat dieser Kljausow erfaßt. Er hat diese reichen Damen mit der linken Hand an der Gurgel gepackt und ihnen mit dem rechten Bein solange eins in den Unterleib versetzt, bis sie befriedigt waren.«

»Und warum mit dem rechten Bein und nicht mit dem Arm?«

»Weil er doch nur einen Arm hatte.«

Nach diesen »Unterhaltungen« erschien Laptew der Sexprotz Kljausow im Traum: hinkend, einarmig und einäugig. Und zu alledem noch impotent. Kljausow würgte ihn mit der linken Hand und versetzte ihm eins mit dem rechten Bein in den Unterleib.

»Großer Gott«, flüsterte Laptew voller Entsetzen, »hast du etwa auch mir die Rolle eines solchen Ungeheuers der neuesten sowjetischen Agentenstrategie zugedacht?!«

Agentenausbildung

Obgleich die Schulungszeit an der KGB-Schule, die Laptew besuchte, alles in allem genommen kurz befristet war (von sechs Monaten bis zu einem Jahr), obgleich sich der Unterricht neben der regulären Arbeit der Teilnehmer abspielte, war der Stoff überaus umfangreich. Der Schulleiter sagte in seiner Rede anläßlich des Kursbeginns, daß das Programm unter normalen Umständen einem fünfjährigen Universitätsstudium entspräche, womit er der Wahrheit durchaus nahe kam. Da hier auf überflüssige Formalitäten und Aufnahmeprüfungen sowie parasitäre Fächer wie Marxismus-Leninismus oder die Geschichte der KPdSU verzichtet werden konnte, war das Unterrichtssystem maximal rationalisiert. Zudem verfügten die Hörer alle bereits über eine Ausbildung sowie Lernerfahrung. Die Unterrichtsfächer selbst waren maximal pragmatisch ausgerichtet. Das Ergebnis war, daß die Schule nicht nur Agenten ausbildete, wie man sie aus der einschlägigen Literatur und von entsprechenden Filmen her kennt, sondern gleichzeitig auch wissenschaftliche Arbeiter für ein Agentenforschungsinstitut eigener Art. Die Hörer wurden mit den wirtschaftlichen Verhältnissen Westdeutschlands sowie der Situation der wichtigsten Unternehmen bekanntgemacht, mit Zustand und Lage der Bundeswehrtruppen ebenso wie der der amerikanischen Truppenverbände, mit der Organisation und den Arbeitsmethoden des deutschen und amerikanischen Nachrichtendienstes sowie ihrer Spionageabwehr, mit den Rechtsverhältnissen in Deutschland und mit Presse, Rundfunk und Fernsehen. Kurz, nach einem halben Jahr kannte Laptew Westdeutschland nicht weniger gut als Spezialisten, die sich viele Jahre lang mit Deutschland befaßt hatten.

»Ich weiß nicht«, sagte Laptew irgendwann einmal zu Viktor, »ob das Ganze hier für unsere Arbeit als Agenten Sinn hat, aber für die Reorganisation unseres gesamten Bildungssystems könnte es durchaus von praktischem

Nutzen sein. Ich habe fünf Jahre Studium hinter mir und drei Jahre wissenschaftliche Aspirantur, aber ich habe in all diesen Jahren kaum mehr mitgekriegt als in diesem halben Jahr.«

»Bin völlig deiner Meinung«, sagte Viktor. »Aber dieses Tempo und Niveau hält bestimmt nicht lange an. Noch ein- zwei Jahre, und alles geht in unsere gewohnte Pfusch- und Stümperarbeit über. Du kennst doch unser System. Noch basiert hier alles auf der anfänglichen Begeisterung. Und man hat auch wirklich gute Spezialisten für den Unterricht herangezogen. Aber die Begeisterung legt sich bald, und die guten Spezialisten verlieren sich dann in der Masse der Parasiten. Wir beide haben Schwein gehabt.«

»Womit?«

»Oder auch nicht. Was ist da schon für ein Unterschied?«

Gespräche mit früheren Spionen

Für die Kursteilnehmer wurden zahlreiche Begegnungen mit ehemaligen Sowjetagenten in Westdeutschland organisiert. Die Exagenten logen und prahlten das Blaue vom Himmel herunter. Nur einer machte auf Laptew einen seriösen Eindruck.

»Wie man euch hier die Tätigkeit eines Spions in Westdeutschland darstellt, hat nicht das geringste mit der Wirklichkeit gemein«, sagte dieser Exagent.

»Schadet ja nichts. Nur sollte man doch ein Minimum an Übereinstimmung erwarten dürfen.«

»In irgendwelchen banalen Kleinigkeiten gibt es schon Ähnlichkeiten, aber in den wesentlichen Dingen keineswegs. Ich habe schließlich zehn Jahre in Westdeutschland gearbeitet.«

»Und wo waren Sie da?«

»Ich habe in M. gelebt. Eine verhältnismäßig kleine Stadt. Und wissen Sie, wieviele hauptamtliche Agenten es da von uns gab? Mehr als zehn gehörten allein zu meiner Gruppe. Und mindestens zwanzig standen uns für Sonderdienste zur Verfügung.«

»Nicht möglich! Eine Kleinstadt – und ein so großes Spionagenetz! Das ist doch ein teurer Spaß!«

»Wer sagt, daß das teuer sei?! Unseren Staat hat das keine einzige Kopeke gekostet. Schließlich haben wir alle in deutschen Firmen und Betrieben gearbeitet und kein schlechtes Geld dafür bekommen. So daß uns also Westdeutschland finanziert hat.«

»Aber die Deutschen sind doch auch nicht von gestern«, sagte irgendein anderer. »Die hätten doch rauskriegen müssen, mit wem sie es zu tun haben.«

»Ich habe auch gar nicht damit hinter dem Berge gehalten. Ihr habt eben bloß unsere Bücher hier gelesen und euch unsere Filme zu Gemüte geführt und glaubt in eurer Naivität, man müsse seine Zugehörigkeit zum KGB vertuschen. Genau umgekehrt! Im Westen mag man die, die Dreck am Stecken haben, lieber als die, die eine saubere Weste haben. Versuchen Sie sich doch einmal vorzustellen, Sie sind Mitarbeiter von denen. Ich komme und sage, ich bin KGB-Offizier, will hierbleiben und bin bereit, alles zu sagen, was ich weiß. Was machen Sie? Sie überprüfen mich? Überprüfen Sie ruhig! Alle meine Informationen werden sich als glaubwürdig und sogar höchst wertvoll erweisen. Sie werden mich verdächtigen und überwachen lassen? Nur zu! Aber was bringt Ihnen das?«

»Hatten Sie dort drüben keine Angst, entlarvt zu werden?« fragte einer der Kursteilnehmer vorsichtig.

»Die Entlarvung von Spionen stellt heutzutage eine besondere politische Aktion dar. Wäre ich ausersehen worden, als Spion entlarvt zu werden, hätte man mir eine Frist gegeben. Und die Gefängnisse bei denen sind wie bei uns die Sanatorien. Dann hätte man mich gegen einen eigenen Spion ausgetauscht oder mir den Vorschlag gemacht, für ihre Seite zu arbeiten und mich laufenlassen. Die Zeit der romantischen Spione ist vorbei.«

»Und wie steht es mit der Konspiration?«

»Du kannst in ganz Europa hinausposaunen, du seist ein Sowjetspion. Kannst ein Plakat vor dir hertragen ›Ich bin ein Sowjetspion‹. Man wird dich auslachen. Vielleicht kommst du auch in die Presse, – nicht die seriöse, versteht sich, sondern in die Boulevardpresse. Damit hat sich's! Geradezu beleidigend!«

»Das heißt also, es ist kein Risiko dabei? Keinerlei Schwierigkeiten? Der reinste Kuraufenthalt?«

»Ein Risiko ist schon dabei«, antwortete der Exspion. »Auch Schwierigkeiten. Aber völlig anderer Art. Aber das muß man am eigenen Leibe erleben.«

Letzte Anweisungen

Endlich kam der Augenblick, wo man in der Verwaltung West beschloß: es ist Zeit! Laptew wurde einer wissenschaftlichen Delegation mit dem Reiseziel Westdeutschland als Dolmetscher des Direktors und Delegationsleiters zugeteilt. Bevor er Moskau verließ, bat ihn der Chefverwalter Westdeutschlands auf ein Gespräch. Er gab Laptew schöne Worte über seine Pflicht gegenüber dem Vaterland mit auf den Weg, erinnerte an die große historische Mission der Avantgarde der großen Armee, die den faulenden Westen stürmen werde und an vieles andere mehr. Darauf sprach der Verwalter Westeuropas mit ihm. Auch er gab ihm schöne Worte über seine Pflicht gegenüber dem Vaterland und seine große historische Mission mit auf den Weg. Dann empfing ihn der Herr des Westens persönlich. Er machte nicht viele Worte.

»Wir haben für Sie einen Sonderauftrag: die strategische Erkundung der allgemeinen und besonderen Verhältnisse des Landes im Hinblick auf einen möglichen Agentenkrieg. Interessieren Sie sich also unter jeglichen Umständen und ungeachtet dieser Umstände für alles, was diesbezüglich von Interesse sein kann. Wenn Sie glauben, irgendetwas überaus Wichtiges mitteilen zu müssen, setzen Sie sich unmittelbar mit mir persönlich in Verbindung. Mein Assistent sagt Ihnen, wie Sie das zu tun haben.«

Nach den himmlischen Höhen ließ man ihn wieder den Boden der Hölle des KGB unter den Füßen spüren.

»Das Leben eines Sowjetkundschafters im Westen«,

sagte Major Wlassow zu ihm, »ist kein Honiglecken, sondern harte Arbeit. Ihre Hauptwaffe ist, sich selber treu zu bleiben. Sie sind Sowjetkundschafter, und das bedeutet viel. Ihre Eigenschaften als Sowjetmensch sind Ihr hoffnungsvollster Selbstschutz, sind Ihre Taktik und Verhaltensstrategie. Ins Land reinkommen, darin Fuß fassen und sich einleben, – das ist Ihre allererste, fundamentale Aufgabe. Es steht völlig außer Zweifel, daß sich der westdeutsche Nachrichtendienst mit Ihnen befassen wird. Und selbstverständlich auch der CIA. Wie Sie sich zu verhalten haben, wissen Sie. Für den Fall, daß man Sie abzuschieben versucht oder aber Ihnen kein politisches Asyl gewähren will, haben wir für Sie diese »Erklärung eines Sowjetagenten« vorbereitet. Machen Sie sich damit vertraut. Geben Sie denjenigen, die sich mit Ihnen befassen, zu verstehen, daß im Falle eines Falles diese Erklärung in der Presse erscheinen wird. Wir werden uns darum kümmern. Sie brauchen nichts weiter zu tun, als eine Anspielung in dieser Richtung zu machen. Für die Presse wird es eine Sensation bedeuten, für die Geheimdienste nicht gerade angenehm sein, das heißt, man wird alles daransetzen, einen Skandal zu vermeiden! Das dürfte alles sein. Gehen Sie vor, wie man es Sie gelehrt hat, denn dieser Weg ist unfehlbar und über Jahre erprobt. Seien Sie bitte heute nacht allein zu Hause. Stepan Wassiljewitsch persönlich möchte Sie aufsuchen. Also, wie es so schön heißt, Hals- und Beinbruch!«

Petuschkow

Petuschkow kam nach Mitternacht. Er brachte reichlich zu Trinken mit, dazu noch einiges zu Beißen. Sie machten die ganze Nacht durch. Tranken. Erinnerten sich an früher. Schwatzten über Gott und die Welt.

»Ehrlich gesagt, Alter, ich beneide dich«, sagte Petuschkow. »Alle denken, ich lebe hier wie im Paradies. Aber was ist das schon für ein Paradies? Trinken muß ich allein. Und mit Weibern sich austoben, du weißt schon, liegt nicht drin. Urlaub – nur zu streng vorgeschriebener Zeit und an festgelegtem Ort. Keine Bekanntschaften ohne Wissen der Obrigkeit. Ob du's glaubst oder nicht, aber nicht mal auf die Toilette kann ich ohne Aufsicht und Begleitung. Und du, du kannst in Freiheit leben! Die Welt sehen! Kurorte. Den Eiffelturm. Die Freiheitsstatue. Weiber aller Arten. Schläfst bestimmt mit schwarzen Weibern. Doch ohne Scherz, – hab Geduld und sei vorsichtig. Hauptsache – überleben, ins Land kommen, Fuß fassen und sich einleben. Uns steht in der Tat eine Aufgabe von gewaltiger historischer Bedeutung bevor, und du hast dabei gewiß nicht die letzte Rolle zu spielen. Nicht gleich natürlich, aber mit der Zeit. Ich kenne dich ja nun seit dem ersten Semester. Wir brauchen deinen Denkapparat. Die Zukunft der Menschheit hängt nicht nur von Raketen, Bomben und Computern ab, sondern davon, wie wir unsere naturgegebenen Gehirnwindungen betätigen. Alter, wir müssen die im Westen alle geistig in den Sack stecken! Verstanden?... Übrigens hat keiner der Delegationsmitglieder auch nur die geringste Ahnung, daß du nicht zurückkommst. Auch der Direktor weiß nichts. So daß dir also als erste praktische Aufgabe bevorsteht, unsere eigenen Agenten und Denunzianten um den Finger zu wickeln und dich so abzusetzen, daß nichts daran auszusetzen bleibt. Wo und wie du das am besten bewerkstelligst, kannst du selber vor Ort bestimmen. Wünschenswert wäre es allerdings, wenn es in M. geschähe. Genau dort wird nämlich das Hauptquartier unserer künftigen Agentenarmee in Westdeutschland stationiert sein.

Du hast unglaubliches Glück, Alter, in Westdeutschland eingesetzt zu werden«, fuhr Petuschkow fort, und der Wodka, den er intus hatte, ließ ihn in einen Zustand offiziöser Sentimentalität verfallen. »Westdeutschland wird im Kampf mit dem Westen eine Schlüsselposition einnehmen. Wir werden Westdeutschland im wahrsten Sinne des Wortes mit bloßen Händen erobern müssen. Ohne einen Schuß abzugeben. Wir haben die günstige Gelegenheit, die uns die Geschichte liefert, zu nützen und den Westen dazu zu bringen, daß er sich von allein in unsere Arme wirft. Die drei Hauptansatzpunkte sind: Nummer eins: Unterstützung jeglicher Form von Antiamerikanismus bis hin zu Terroranschlägen gegen die Amerikaner. Wir brauchen da überhaupt nicht persönlich einzugreifen, es gibt mehr als genug Menschen, die zu derlei bereit sind. Doch eine gekonnte Ermutigung solcher Aktionen – da brauchen wir uns von niemandem etwas vorsagen zu lassen. Die zweite Stoßrichtung besteht darin, Westdeutschland allmählich wirtschaftlich von uns abhängig zu machen. Du brauchst dich nicht zu wundern! Es gibt hier zwei Arten von Abhängigkeit: die Abhängigkeit des Schwachen vom Starken und diejenige des Starken vom Schwachen. Im gegebenen Fall sind die andern stärker als wir, was aber ein Vorteil ist für uns. Wir müssen nur dafür sorgen, daß es für Tausende deutscher Privatunternehmen vorteilhaft ist, mit uns Geschäfte zu tätigen. Und zwar so vorteilhaft, daß sie die staatlichen und nationalen Interessen zugunsten ihrer eigenen Interessen verraten. Wobei wir diesen Vorteil allmählich so systematisieren, daß wir auf diese Firmen direkt Druck ausüben können. Wie? Nichts leichter als das. Steuerhinterziehung, zum Beispiel, oder Geschäftspraktiken, die nach deutschem Recht illegal sind. Nichts leichter als das. Und der Clou dabei ist, daß uns das alles keine Kopeke kostet. Wie das möglich sein soll? Ganz einfach, indem wir für die deutsche Wirtschaft zu Vermittlern werden und zu einem Mittel, das eigene Land auszubeuten. Dadurch spalten wir die deutsche Wirtschaft und erlauben den einen, sich auf Kosten der andern zu bereichern, wobei wir uns als Deckung, Tarnung und als Zwischenstation benutzen lassen. Punkt drei ist die Schaffung eines psychologischen und ideologischen Chaos in Westdeutschland, das Schüren defätistischer Stimmungen, die Zerstörung des Willens zum Widerstand, kurz: sämtlicher innerer Mechanismen der Selbsterhaltung, der sozialen Immunität des Landes sozusagen.

Was nun deine persönliche Situation betrifft, so hängt

alles von dir und deinen grauen Zellen ab«, beschloß Petuschkow seinen Vortrag. »Kein Heldentum à la James Bond! Banalste Routine! Keinerlei Risiko! Keine Verfolgungsjagden per Auto mehr oder dergleichen! Keine falschen Bärte und keine Schießereien! Ein richtiger Sowjetspion, der im Westen agiert, schießt niemals! So, ich muß gehen. Denk daran, daß wir dir hundertprozentig vertrauen und auf dich zählen. Leb wohl, mein Freund! Hals- und Beinbruch!«

Wissenschaftliche Delegation

Daß Laptew mit der wissenschaftlichen Delegation nach Deutschland fahren sollte, führte zu allen möglichen Gerüchten und zu Gerede im Institut und in Intellektuellenkreisen, in denen die Institutsmitglieder verkehrten. Die progressivsten und am meisten freiheitlich denkenden Intellektuellen zeigten ein schiefes und verständnisinniges Lächeln: wir wissen sehr wohl, hieß das, was das zu bedeuten hat. Einige erblickten darin ein Zeichen für die Liberalisierung der Gesellschaft. Tatsache und allgemein bekannt war, daß Laptew dem Direktor in den Hintern kroch, wobei geflissentlich übersehen wurde, daß es im Institut keinen gab, der das nicht tat. Auch in den Kreisen der »inneren Emigration« wurde bekannt, daß Laptew nach Deutschland fuhr. Die nüchternsten Geister unter ihnen sprachen die Vermutung aus, Laptew werde nicht zurückkommen. Andere wieder äußerten dieselbe – allerdings etwas gefühlsbetontere – Meinung, Laptew wäre ein Vollidiot, wenn er zurückkäme, – an seiner Stelle würden sie auch nicht wiederkommen. Auch Aida war dieser Meinung.

»Meinst du denn, das wäre so einfach – abhauen?« sagte Laptew. »Die ganze Delegation besteht im wesentlichen aus KGB-Offizieren. Beim geringsten Verdacht bricht man dir das Genick. Ein stechender Blick, und fertig. Und schon findest du dich in Moskau wieder, in der Lubjanka – ohne eine Spur zu hinterlassen. Heutzutage geht das auch schon ohne den bewußten stechenden Blick: sie sprühen dir irgend so ein ekliges Zeug in die Schnauze, und schon machst du alles, was man dir sagt.«

»Und trotzdem würde ich an deiner Stelle versuchen abzuhauen.«

»Wenn ich abhaue, hält man mich hier wie dort für einen KGBler.«

»Sicher. Aber was bedeutet das schon? Heutzutage wird jeder verdächtigt, etwas mit dem KGB zu tun zu haben. Scheiß drauf. Dafür kannst du in Freiheit leben. Übrigens hat sich sogar der KGB-Oberst Kljausow bei westlichen Journalisten darüber beklagt, daß über ihn Gerüchte im Umlauf seien, wonach er Verbindungen zum KGB habe. Entsetzlich, findest du nicht auch?«

Laptew überkam Wehmut bei dem Gedanken, daß er seine Wohnung aufgeben sollte, der er sich so ganz und gar verhaftet fühlte. Es war eine winzig kleine Wohnung: drei Quadratmeter der Flur, vier die Küche, vier – Toilette und Bad, in dem man sich nur im Sitzen und zusammengekauert waschen konnte, vierzehn Quadratmeter das Wohnzimmer, das gleichzeitig auch Schlafzimmer, Gastzimmer und Arbeitszimmer war. Diese Wohnung hatte Laptew dank der Tatsache bekommen, daß das alte Haus, in dem er ein Zimmerchen von sechs Quadratmetern in einer Mehrfamilienwohnung bewohnte, abgerissen wurde und der Institutsdirektor, vor dem Laptew bereits fünf Jahre katzbuckelte, sich persönlich bei der Wohnungsverwaltungsabteilung des Bezirkssowjets für ihn verwendete. Laptew war unsagbar glücklich über diese Wohnung: sie war zwar winzig, aber sein. Das Bestreben der Sowjetbürger, aus den ihnen zum Halse heraushängenden Gemeinschaftswohnungen, diesen engen, schmutzigen Kommunalwohnungen herauszukommen, war zu der Zeit kaum weniger stark, als 1917 das Bestreben, sich vom Zarismus zu befreien. Und nun sollte er diese Wohnung, die er noch gar nicht voll genossen und in der er sich noch gar nicht recht eingefühlt hatte, aufgeben. Sollte seine Bibliothek aufgeben, die er über Jahre zusammengesammelt hatte. Und dann all die Fotos, Briefe, Manuskripte, Nippsachen... Bei der VW hatte man ihm versprochen, einiges aufzuheben und mit der Zeit nach Deutschland nachkommen zu lassen, ihm den Wert seiner Bibliothek zu ersetzen. Indessen schenkte Laptew als rechter Sowjetmensch den Versprechungen seiner Vorgesetzten keinen Glauben.

Letzte Tage in der Heimat

Auf einem der regelmäßig stattfindenden Abende bei Professor Krylow warf ein bekannter deutscher Journalist Laptew von weitem einen fragenden Blick zu. Laptew antwortete mit einem für den Journalisten zweifelsfreien Blick. Der Journalist nickte verstehend, was so viel hieß wie: ›Mach nur, Laptew, man wird dir dort schon helfen!‹

Die ganze Woche vor dem Abflug aus Moskau war Laptew mit der Fertigstellung des Vortrags für den Direktor sowie dem Übersetzen der Vorträge der übrigen Delegationsteilnehmer beschäftigt. Er arbeitete voller Begeisterung. Der Vortrag des Direktors fand bei dem Direktor selbst großen Anklang. Er sagte Laptew, daß er seinen dummen Streich vergeben und vergessen habe, daß er nach ihrer Rückkehr Laptew bei seiner Doktorarbeit unterstützen werde, und versprach ihm sogar, für ihn beim Eintritt in die Partei ein gutes Wort einzulegen.

Am Abend vor dem Abflug wurden den Delegationsmitgliedern im Präsidium der Akademie der Wissenschaften ihre Pässe fürs Ausland überreicht, wobei sie noch einmal instruiert wurden, wie sie sich im Westen zu verhalten hätten. Das Ganze hatte etwas Komisches, da so gut wie alle Delegationsmitglieder bereits mehrmals im Westen gewesen und mehr als die Hälfte von ihnen hauptamtliche KGB-Offiziere oder Spitzel waren. Aber alle spielten ihre Rolle mit dem gebotenen Ernst. Außerdem glaubten nicht einmal die alten, bewährten Spitzel daran, daß alles glatt gehen würde.

Denn noch im letzten Moment könnte sie ein anderer Spitzel verpfeifen, und schon wäre es aus mit der Reise! Dergleichen Fälle gehörten zu den gewohnten KGB-Praktiken. Bisweilen wurden selbst angesehene und bekannte Persönlichkeiten völlig unerwartet zurückgehalten, um das allgemeine Mißtrauen nicht abflauen zu lassen.

Zur Theorie der Flucht

Wenn man in den Verlautbarungen der Westpresse liest, der und der Sowjetbürger, der sich aus diesen oder jenen Gründen im Westen aufgehalten habe, habe «die Freiheit gewählt», das heißt sich entschlossen, endgültig im Westen zu bleiben, wird damit der Eindruck erweckt, als sei hierfür der bloße Entschluß ausreichend und alles andere gehe mühelos vonstatten. Das ist jedoch bei weitem nicht immer so. Da die Fälle, in denen Sowjetbürger nicht mehr in die Sowjetunion zurückkehren, inzwischen zu einer Normalerscheinung geworden sind und Grund zur Annahme besteht, daß ihre Zahl im Steigen begriffen ist, erscheint es angebracht, einige theoretische Bemerkungen hierzu zu machen.

Es gibt Fälle, wo die Flucht mit keinerlei Schwierigkeiten verbunden ist. In einem solchen Falle handelt es sich aber garantiert nicht um Flucht. Es kann beispielsweise ganz einfach eine spezifische Form der Ausweisung eines Sowjetbürgers in den Westen bedeuten. Um unnötigen antisowjetischen Sensationshaschereien im Westen zu begegnen, gestatten die Sowjetmachthaber einzelnen Kulturträgern, derer sie sich zu entledigen wünschen, in den Westen auszureisen, wobei den Betreffenden im vorhinein nahegelegt wird, »die Freiheit zu wählen«. Diesen Kulturträgern ist ebenfalls von vorneherein klar, daß sie mit dem Verlassen ihres Landes ein stillschweigendes Abkommen mit den Sowjetmachthabern eingegangen sind: sie »kaufen« die Freiheit, indem sie der Willkür seitens der Obrigkeit den Anstrich der Freiwilligkeit seitens ihrer Opfer verleihen. Dergleichen Fälle sind inzwischen hinreichend bekannt.

Um Flucht handelt es sich nur dann, wenn es nicht die Absicht der Sowjetmacht ist, daß der betreffende Sowjetbürger im Westen bleibt, wenn die Sowjetmacht und selbst gewöhnliche Bürger, die in irgendeiner Weise in die Flucht verwickelt sind, alle Anstrengungen machen dazwischenzufunken. Fälle dieser Art sind im Westen ebenfalls zur Genüge bekannt.

Es wäre indessen falsch anzunehmen, daß Sowjetbürger, die für die Agentenrolle im Westen vorgesehen sind, ohne alle Schwierigkeiten »die Freiheit wählen« können. Nicht alle, die problemlos im Westen bleiben können, sind Sowjetagenten. Doch sind auch nicht alle, die im eigentlichen Sinne des Wortes flüchten, wirklich »stubenrein«.

Alle Laptew bekannten Fluchtfälle von Sowjetbürgern lassen sich in vier Gruppen einteilen: die Sportgruppe, die Kulturgruppe, die Kaufhaus- und die Toilettengruppe.

Ein klassisches Beispiel für die Sportvariante stellt die Flucht eines Sowjetdiplomaten in Indien während des Jogging dar. Der Diplomat zog gemächlich seine Runden durch den Park. Hinter ihm liefen in nicht zu großem Abstand zwei KGB-Agenten. Sie hatten die Aufgabe, darauf zu achten, daß der Diplomat sich nicht zu weit entfernte. Plötzlich war der Diplomat verschwunden. Die Agenten suchten den ganzen Park ab, entdeckten aber nicht die geringste Spur. Tags darauf gab der Diplomat eine Pressekonferenz in Washington.

Ein klassisches Beispiel für die Kulturvariante ist die Flucht des sowjetischen Handelsvertreters in einem der skandinavischen Länder. Der Handelsvertreter ging ins Museum, ebenfalls in Begleitung zweier Agenten. Er trat an eine ägyptische Mumie heran. Schaute in den Sarkophag. Und löste sich gleichfalls in Luft auf. Und gab ebenfalls am Tag darauf ein Interview – in London.

Der Kaufhausvariante bediente sich eine bekannte Ballerina bei einem Gastspiel in Paris. Sie verschwand in einer Anprobekabine. Die KGB-Agenten hielten draußen Wache. Sie warteten eine halbe Stunde. Die Ballerina erschien noch immer nicht. Sie schauten in der Kabine nach – leer. Am Tag drauf gab es wieder ein Interview – irgendwo in Los Angeles.

Die am meisten verbreitete Fluchtvariante ist die Toilettenvariante. Ein Sowjetbürger geht auf die Toilette, daran ist nichts Außergewöhnliches. Hat doch selbst Karl Marx persönlich versichert, nichts Menschliches sei ihm fremd. Der Sowjetbürger betritt also die Toilette. Die Agenten stehen draußen Wache. Zehn Minuten vergehen. Die Agenten dringen mit Gewalt in die Toilette ein, finden aber außer der gluckernden Klosettschüssel nichts vor. Und am Tag darauf erklärt besagter Sowjetbürger unter Bewachung von zwei Polizisten und drei Mitarbeitern des Geheimdienstes ganz offiziell, er habe »die Freiheit gewählt«. Man kann sich des Eindrucks nicht erwehren, daß die Flüchtigen in diesen Fällen durch die Toilette direkt in einen Raum des westlichen Geheimdienstes gelangen.

Das Fluchtproblem

Darüber, daß Laptew nicht mehr zurückkehren sollte, unterrichtete Moskau weder Bonn noch den zur Delegation gehörigen KGB-Oberoffizier. Man ließ allergrößte Vorsicht walten: Moskau hatte Laptew für eine äußerst wichtige Rolle in der neu zu gründenden Massenagentur, die strategische Aufgaben von großer Tragweite erfüllen sollte, vorgesehen. Somit hatte Laptews Tätigkeit als Sowjetagent also damit zu beginnen, seine eigenen Leute hintergehen zu lernen. Doch war das gar nicht so einfach.

Zu den allgemeinen Fluchtschwierigkeiten (gut geschulte KGB-Leute verfolgten jede Bewegung der Delegationsmitglieder) kamen für Laptew noch zwei hinzu: 1. sollte seine Flucht nach Möglichkeit mit Hilfe der westlichen Geheimdienste vonstatten gehen; 2. hatte die Flucht nicht etwa am passendsten Ort, sondern unbedingt in M. zu geschehen, wo man mit der Zeit das Hauptquartier der

Agentenarmee zu stationieren gedachte. Bereits in Frankfurt fand Laptew in seinem Hotelzimmer den Fluchtplan vor, von »Freunden« im Westen für ihn ausgearbeitet. Vorgesehen war, nebenbei bemerkt, die Toilettenvariante. Es kostete ihn nicht wenig Mühe, die unsichtbaren Helfer davon zu überzeugen, daß dieser Plan undurchführbar war, – die KGB-»Gorillas« ließen ihn keine Sekunde allein. Laptews unsichtbare Helfer konnten freilich nicht wissen, daß Laptew sich diese »Gorillas« selbst aufgehalst hatte, indem er ihnen anbot, ihnen dabei behilflich zu sein, zehnmal billiger einzukaufen als in den Geschäften rund um ihr Hotel und die Konferenzräumlichkeiten. In Düsseldorf erwies sich der Plan immer noch als Toilettenvariante. Diesmal war Laptew gezwungen, sich einen anderen Winkelzug einfallen zu lassen, nämlich über die vereinbarte Zeit hinaus im Hotelzimmer des Direktors unter dem Vorwand zu sitzen, Korrekturen an dessen Vortrag im Zusammenhang und unter Berücksichtigung der Konferenzerfahrung in Frankfurt anbringen zu müssen. Als die Sowjetdelegation in M. eintraf, hatten Laptews unsichtbare Wohltäter in der Überzeugung, ihre Anstrengungen seien nutzlos, keinerlei Fluchtplan vorbereitet und überließen Laptew sich selbst. Das Ergebnis war, daß er sich gezwungen sah, seine Flucht voll und ganz auf eigenes Risiko in die Hand zu nehmen. Und alles, was er sonst noch in Moskau gelernt hatte, erwies sich ebenfalls als praktisch unanwendbar.

›Man müßte doch irgendwie der Obhut der »Gorillas« entkommen können‹, dachte Laptew. Er hatte sie schon so weit, daß sie ihm hundertprozentig vertrauten. Ganz besonders, nachdem er ihnen in Düsseldorf dabei behilflich gewesen war, im wahrsten Sinne des Wortes für einen Spottpreis an die zehn Paar Jeans zu erstehen, von denen jedes Paar in Moskau mindestens hundert Rubel gekostet hätte. Angenommen, er hätte sie abgehängt. Was dann? Zur Polizei gehen? Und wenn die Deutschen, im Wunsch, beim gegenwärtigen Stand der Beziehungen einen unnötigen Konflikt mit der Sowjetunion zu vermeiden, den Sowjetvertretern eine Begegnung mit ihm ermöglichten? Dann war alles zum Teufel. Man müßte sich stehenden Fußes an den Sicherheitsdienst wenden. Aber wie? Einigermaßen verwunderlich, daß dieses M. voller Sowjetagenten sein sollte, und in Moskau bis dahin niemand Adresse und Telefonnummer des örtlichen Sicherheitsdienstes kannte! ›Da wissen wir nun von diesem Land Gott weiß wie viel, nur nichts, was von praktischem Nutzen wäre.‹ Wenn er, Laptew, erst einmal hier Fuß gefaßt haben wird, wird er als erstes Mitteilung an Moskau geben, daß es dringend nötig ist, die Bewertungskriterien für die Informationen aus diesem Land aufs gründlichste zu überdenken und zu ändern. ›Lächerlich‹, dachte er, ›da fange ich bereits an, als Spion zu denken, ohne überhaupt den ersten Schritt getan zu haben, einer zu werden. Major Wlassow hat recht: wir Sowjetmenschen werden ganz automatisch zu potentiellen Spionen.‹

Die Zeit verging. Es galt, einen Entschluß zu fassen. Das Schlußprogramm der Delegation sah so aus, daß kaum ein glücklicher Zufall drinlag. Er mußte also heute noch abspringen. Am besten nach der Konferenz, eventuell während des Banketts im Restaurant zu Ehren der Sowjetdelegation. Gäste wie Gastgeber würden sicher einen über den Durst trinken, die Wachsamkeit würde nachlassen und man könnte sich unter irgendeinem Vorwand auf ein paar Minuten entfernen, beispielsweise – auf die Toilette. Und nicht mehr zurückkommen. Verschwinden. Und zwar so, daß einen nicht einmal die Polizei fände, bis die Sowjetdelegation das Land verlassen hat. Bloß – wie und wo, das war die Frage.

Die Flucht

Die Konferenz war erfolgreich verlaufen. Der Vortrag des Direktors war gut angekommen. Die Gastgeber lobten seine Beschlagenheit in den weltweiten Errungenschaften der Wissenschaft sowie seine originellen Ideen über alle Maßen. Es gab sogar einige, die von einer neuen Ära in den kulturellen Beziehungen zwischen Ost und West sprachen. Nach der Konferenz fand das obligate Bankett statt. Und wie Laptew vermutet hatte, ließen sich beide Seiten vor Freude dermaßen vollaufen, daß man kaum mehr unterscheiden konnte, wer von ihnen zum Osten und wer zum Westen gehörte.

›Es ist Zeit‹, dachte Laptew. ›Solange diese Degeneraten dabei sind, die neue Ära in der Zusammenarbeit von Ost und West zu bejubeln, muß ich die Möglichkeiten der Toilettenvariante, in das Innerste des Feindes vorzustoßen, abchecken. Zu dieser Mitternachtszeit kommen alle anderen Varianten sowieso nicht in Betracht.‹

Der Weg zur Toilette führte an der Bar vorbei. Als er dort den einladenden Blick einer einsamen Frau auffing, ließ Laptew die Toilettenvariante auf der Stelle fallen. Er erkundigte sich bei ihr, was eine Nacht bei ihr kosten würde. Der Preis war für einen Sowjetmenschen unfaßbar. Laptew überschlug im Geiste, wie viel Geld er noch hatte: sein eigenes noch nicht ausgegebenes plus das des Direktors und der »Gorillas«, das sie ihm gegeben hatten, damit er ihnen allen möglichen Plunder zu Schleuderpreisen besorgte. Die Summe würde für zwei Nächte reichen. Und dann würde er weitersehen. Er mischte sich unter eine Gruppe von Leuten, die gerade das Restaurant verließen, und überschritt so die Grenze, die die Menschheit in zwei unversöhnliche Lager teilt, das Lager des Kapitalismus und das Lager des Kommunismus, womit er seinen schöpferischen Beitrag zur Theorie und Praxis der Flucht leistete und für alle Sowjetbürger, die in die Freiheit streben, eine neue, die Bordell-Variante nämlich, eröffnete.

Die Flucht wird entdeckt

Laptews Verschwinden wurde erst entdeckt, als die Sowjetdelegation wieder in ihrem Hotel war und der Direktor ihn zu sich bitten wollte, um noch einige Bemerkungen zu seinem Vortrag zu machen. Irgend jemand meinte, es gäbe keinen Grund zur Beunruhigung. Laptew hätte sich sicher mit einem Weibsbild eingelassen, würde sicher die Nacht über bei ihr bleiben und dann am Morgen wieder im Hotel auftauchen, als sei nichts gewesen. Doch konnte diese optimistische Mutmaßung die aufgekommene Unruhe nicht dämpfen. Laptews »irre« Rede am Festbankett zu Ehren des Direktors kam allen wieder in den Sinn. Der Direktor befahl, sich unverzüglich mit der Sowjetbotschaft in Bonn in Verbindung zu setzen und sie von Laptews Verschwinden zu unterrichten. In Bonn betrachtete man die Angelegenheit als sehr ernst, befahl Laptews Verschwinden der Polizei zu melden und schickte einen Wagen mit drei Botschaftsmitarbeitern, an der Spitze der Leiter der Sowjetspionageagentur in Westdeutschland, offiziell mit einem zweitrangigen Diplomatenposten betraut, nach M.

In dieser Nacht drückte keines der Delegationsmitglieder ein Auge zu. Man kam gruppenweise in drei Hotelzimmern zusammen. Die »Gorillas« postierten sich an den Türen mit einem Gesichtsausdruck, der besagte, daß sie jeden in Stücke reißen würden, der auch nur wagte, die geringste überflüssige Bewegung zu machen... Gemäß ihren KGB-Instruktionen waren sie in solchen Situationen verpflichtet, jeden Sowjetbürger als potentiellen Flüchtling zu betrachten. Man diskutierte gedämpft. Alle fühlten sich irgendwie mitschuldig, und jeder überlegte sich, wie er die andern denunzieren könnte.

In der Nachtausgabe der Tagesschau wurde das Verschwinden des Sowjetwissenschaftlers W. J. Laptew bekanntgegeben: ein Foto von ihm, während der Konferenz von einem Journalisten aufgenommen, wurde gezeigt, seine persönlichen Kennzeichen durchgegeben, und sachdienliche Hinweise waren unter den und den Telefonnummern erbeten. Gegen Morgen trafen die Vertreter der Botschaft ein, befragten sämtliche Delegationsmitglieder aufs gründlichste und arbeiteten zusammen mit den wichtigsten Delegationsmitgliedern folgende Verhaltenstaktik aus, die darin bestand, 1. W. J. Laptew als von irgendwelchen westlichen Geheimdiensten entführt zu betrachten, die an einem neuerlichen Entfachen des Kalten Krieges interessiert waren; 2. die Entführung als antisowjetische Provokation einzustufen; 3. aus diesem Anlaß die einhellige Empörung der Sowjetgesellschaft zu bekunden; 4. von den Machthabern entschiedene Maßnahmen und Laptews Auffindung und die Bestrafung der Schuldigen zu fordern; 5. den Besuch in Westdeutschland abzubrechen und das Land unverzüglich zu verlassen, nicht ohne ein Pressecommuniqué abzugeben, demzufolge sie, die Delegationsmitglieder, für die größtmögliche Ausweitung und Festigung der freundschaftlichen Beziehungen mit Westdeutschland waren und die Bestrebungen der weltweiten Reaktion, Entspannungsbemühungen zu hintertreiben, verurteilten.

Von der Entdeckung seines Verschwindens erfuhr Laptew aus den Fernsehnachrichten. Er notierte die angegebenen Telefonnummern, beredete und überredete unter Einschüchterungen seine Quartiergeberin, seine Anwesenheit in ihrer Wohnung keine Menschenseele wissen zu lassen, gab ihr alles Geld, das er hatte, und versprach ihr die zehnfache Summe, sobald er seine Absicht, in Westdeutschland zu bleiben, persönlich bekanntgegeben habe. Auf alle Fälle schüchterte er sie noch damit ein, daß der Geheimdienst es schwerlich zu honorieren wissen werde, wenn sie Laptew verpfeifen sollte, und daß der KGB ihr aus Rache den Bauch aufschlitzen und ihre Wohnung mit ihren Gedärmen garnieren würde.

Am nächsten Morgen meldeten die Zeitungen das Verschwinden des Sowjetwissenschaftlers und berichteten über die bislang ergebnislos verlaufene Suche der Polizei. Einige Zeitungen ließen durchblicken, Laptew sei wohl bereits in London oder Washington zu suchen. Laptew verließ den ganzen Tag nicht die Wohnung und ließ auch seine Gastgeberin nicht aus dem Haus. Sie tranken und aßen, was im Haus war. Am Abend meldete das Fernsehen, die Sowjetdelegation sei Hals über Kopf nach Moskau zurückgekehrt. So war also die neue Ära in den kulturellen Beziehungen zwischen Ost und West bereits beendet, bevor sie überhaupt begonnen hatte. Das Fernsehen gab noch einmal Laptews persönliche Erkennungszeichen durch und bat noch einmal jeden, der in irgendeiner Weise direkte oder indirekte Angaben über seinen Verbleib machen könne, über die und die Telefonnummern Mitteilung zu machen. Sachdienliche Hinweise würden mit zehntausend Mark honoriert. Als Laptews Gastgeberin von der Belohnung hörte, wurde sie unruhig, und Laptew wurde klar, daß es keinen Sinn mehr hatte, sie noch länger hinzuhalten. Er wählte eine der angegebenen

Telefonnummern, sagte, er wisse, wo sich Laptew aufhalte, daß er aber dessen Aufenthaltsort nur Mitarbeitern
des Staatssicherheitsdienstes mitzuteilen bereit sei.

»Moment, bitte«, sagte der Mensch am Telefon, »ich
verbinde weiter.«

»Hier der Staatssicherheitsdienstoffizier, zuständig in
Sachen Laptew«, hörte Laptew.

»Bestens«, sagte Laptew, »ich bin Laptew.«

»Oh, Herr Laptew!« hörte Laptew den Mann sagen.
»Wir haben versucht, in Frankfurt und Düsseldorf mit
Ihnen in Kontakt zu treten, aber ohne Erfolg. Wo sind Sie
jetzt? Wir kommen Sie unverzüglich holen.«

»Ich warte«, sagte Laptew. »Aber die Belohnung gehört
rechtmäßig der Gastgeberin, bei der ich mich bis jetzt
aufgehalten habe. Ich übergebe ihr jetzt den Hörer, sie
wird Ihnen ihre Adresse durchgeben.«

Im Land der Freiheit

Es folgten die üblichen Formalitäten: die offizielle Erklärung, aus politischen Gründen im Westen bleiben zu
wollen, das Treffen mit einem Vertreter der Sowjetischen
Botschaft und mit Journalisten. Da Laptew nach westlichen Maßstäben eine unbedeutende Figur war, brachten
die Zeitungen nur eine kurze Notiz über ihn an unbedeu-
tender Stelle, und im Fernsehen wurde er nur flüchtig im
Zusammenhang mit einer Meldung in der Sowjetpresse
über »das geheimnisvolle Verschwinden« Laptews er-

wähnt. Und schon nach wenigen Tagen war alles vergessen, was sich irgendwie im Bewußtsein der Leute mit seinem Namen verband. Die Welt sah wieder so aus, als habe es nie einen Laptew und keinerlei Skandal im Zusammenhang mit seiner Person gegeben. Laptew wurde in einem winzigen Zimmerchen in einer speziellen Pension für Flüchtlinge untergebracht.

Erschöpft von den nervlichen Anspannungen dieser Woche fiel Laptew wie tot in sein Bett, ohne sich erst noch in seiner Kemenate umzuschauen, und schlief beinahe einen Tag und eine Nacht durch. Er erwachte von dem Schreck, der ihn plötzlich durchfuhr, als ihm bewußt wurde, daß er einen nicht wiedergutzumachenden Fehler begangen hatte.

»Da bist du also im Westen, im Reich der Freiheit und des Überflusses«, sagte er laut. »Noch aber weißt du weder was Freiheit noch was Überfluß ist. Und noch ist völlig offen, ob du jemals in den Genuß dieser Vorzüge kommen wirst. Aufgestanden, du Kretin! Dir steht ein Zweikampf mit dem KGB von denen bevor! Den Zweikampf mit deinem KGB hast du verloren. Nun sieh zu, daß du wenigstens nicht auch noch diesen verlierst ... Ich wüßte nur gar zu gern, wer meine Moskauer Gemächer geerbt hat ...«

Die ersten Tage nach der Flucht

Die ersten Tage nach der Flucht verlebte er wie im Traum. Er wurde irgendwohin gefahren, irgend jemandem vorgestellt, Begegnungen mit offiziellen sowjetischen Persönlichkeiten wurden arrangiert, man nahm seine Fingerabdrücke, ein Interview wurde anberaumt. Gleichzeitig waren es die glücklichsten Tage seines Lebens. Er wurde im wahrsten Sinne des Wortes auf Händen getragen, konnte essen und trinken, was er wollte, wurde fotografiert und in eleganten Wagen herumkutschiert. Dann aber war dieses paradiesische Leben urplötzlich zu Ende. Das vorgesehene Ritual für einen Sowjetmenschen von gewissem Rang, der »die Freiheit gewählt« hat, war damit erfüllt, und über Nacht schon war er für den Westen vergessen, so, als hätte es ihn nie gegeben. Und erst jetzt begriff er die weisen Worte des alten Spions und seine »Geschichtchen«, wie ihm damals schien, über das Leben im Westen.

»Der Westen, Kinder«, so hatte der alte Ex-Spion gesagt, »ist eine tückische Angelegenheit. Er zeigt sein niederträchtiges Inneres nicht gleich, sondern erst dann, wenn du meinst, es sei alles in bester Ordnung. Dann auf einmal kriegst du den ersten Knüppel zwischen die Beine. Wie? Das hängt von den Umständen ab. Kommt ganz darauf an, wann und wie. Aber normalerweise liegt es daran, daß man von banalen, winzigen Details, das Leben unter westlichen Bedingungen betreffend, nicht die geringste Ahnung hat.«

Erste Lebenserfahrungen im Westen

Der erste Tag seines selbständigen Lebens im Westen sollte tragikomisch beginnen. Er wollte das Haus verlassen und versuchte die Haustür zu öffnen, jedoch vergeblich. Das Schloß gab einfach nicht nach. Eine Viertelstunde kämpfte er mit dem Schloß und verfluchte dabei in übelster Weise das KGB, die westliche Demokratie und sich selbst in den schnödesten Tönen. In seiner Verzweiflung stürmte er in sein Zimmer hinauf, suchte unter den Küchenutensilien nach einem Messer und öffnete mit seiner Hilfe das Schloß. Hinterher sah er, daß es genügt hätte, einen Knopf zu drücken, und das Schloß hätte sich von selber geöffnet. Aber eben – erst hinterher. Einige Zeit blieb nun das Schloß kaputt, und wenn die Pensionsbewohner nicht heraus- oder hereinkamen, wandten sie sich jedesmal an Laptew um Hilfe, die er ihnen großzügig gewährte, womit er gleichzeitig das hohe Niveau sowjetischen technologischen Geistesblitzes demonstrierte. Und alles wunderte sich über die »urwüchsige Findigkeit« der Russen. Der Schluß indes, den er aus der Geschichte zog, lautete: Wir Russen sind außerstande, gut funktionierende Schlösser zu öffnen, kommen aber mit kaputten bestens zurecht. Und wenn wir eines Tages den Westen erobern, dann nur deshalb, um erst einmal alles kaputtzumachen und dann den westlichen Tölpeln beizubringen, wie man in ihrer *von uns* kaputtgemachten Welt zu leben hat.

»Einer unserer Agenten, den man über viele Jahre für

die Arbeit in den feinen Kreisen der westlichen Gesellschaft geschult hatte«, so wußte damals der alte Ex-Spion zu erzählen, »erlitt gleich zu Anfang seiner Agentenkarriere wegen einer ausgesprochenen Bagatelle Schiffbruch: statt auf die Toilette setzte er sich aufs Bidet, drückte den falschen Knopf und verbrühte sich Hintern und Penis dermaßen mit heißem Wasser, daß er in Panik geriet und auf der Stelle dem Gastgeber wie den Gästen seine Agententätigkeit gestand. Zum Glück haßte man in dieser Gesellschaft den eigenen Sicherheitsdienst und sah von einer Anzeige ab. Doch wurde der Vorfall in Form eines Witzes bekannt, so daß er das Land verlassen mußte. Und statt mit der Rolle eines Salonlöwen mußte er sich zuhause mit der eines Polizeispitzels auf Kursen für Frauen, die Ausländer heiraten sollten, begnügen.

Der Weg zum Verhör

Eine Woche später besuchte ihn ein Mitarbeiter des Staatssicherheitsdienstes. Er war ungefähr so alt wie Laptew und machte einen angenehmen Eindruck.

»Kurt«, stellte er sich vor.

»Wladilen«, antwortete Laptew.

»Seltsamer Name. Tatarisch?«

»Nein, sowjetisch. Die Abkürzung von ›Wladimir Lenin‹. Nach der Revolution sind bei uns viele solcher neuen Namen aufgetaucht: ›Marlen‹ aus ›Marx, Lenin‹, ›Engelina‹ von ›Engels‹ und ›Stalinir‹ von ›Stalin‹. So daß ich selbst was meinen Namen anbelangt, ein Opfer der Revolution bin.«

Es war ein sonniger Tag. Laptews Stimmung stieg. Schöne Gebäude. Kolonnen luxuriöser Wagen. Gut gekleidete, satt aussehende Passanten. Üppige Schaufensterauslagen. Cafés. Hell und bunt gekleidete junge Menschen. Straßenmusikanten. Ein noch gar nicht so alter, gut gekleideter Mann spielt Akkordeon. Er spielt irgendetwas Flottes, wohl einen Marsch. Vor ihm ein Hut mit Geld. Einige Passanten werfen Geld in den Hut.

»Alle Achtung!« entfuhr es Laptew, nachdem er einen Blick in den Hut geworfen hatte. »Für einen russischen Bettler würde das ausreichen, um sich bis zum Gehtnichtmehr zu besaufen.«

»Unsere Bettler trinken nicht«, lächelte Kurt. »Sie sparen fürs Alter.«

»Schrecklich! Nüchterne, satte Bettler, die ans Alter denken, das ist pervers!«

»Was willst du, das ist Kapitalismus.«

Laptew ging in Gedanken eine Moskauer Straße entlang. Graue Häuserzeilen. Armselige Schaufensterauslagen, und auch die nur selten. Auf der ganzen langen Straße nur ein einziges Restaurant. Ärmlichkeit. Hastig vorübereilende Passanten. Gereizte Gesichter. Ein bleichgesichtiger Trunkenbold streckt bettelnd seine Hand aus. Niemand gibt ihm etwas. Ein Milizionär taucht auf. Verjagt ihn. O Gott! Wird das denn niemals eine Ende haben?!

Kurt hat Laptew in ein Café eingeladen. Eine junge, freundliche Kellnerin bedient sie im Handumdrehen.

»Bei uns in Moskau müßte man mindestens eine halbe Stunde sitzen und warten, bis irgendeine griesgrämige Furie sich herabließe, die Bestellung entgegenzunehmen. Der Unterschied zwischen unseren Systemen beginnt genau hier, in den alltäglichen Lebensformen und in der Bedienung.«

»Aber das läßt sich doch höchst einfach organisieren.«

»Hier schon, aber nicht bei uns. Bei uns ist es schlicht unmöglich.«

»Aber warum denn?«

»Das ist eine lange Geschichte. Erkläre ich Ihnen ein andermal«.

Bis zum Gebäude des Sicherheitsdienstes gingen sie zu Fuß, es war ganz in der Nähe. Das gewöhnliche Äußere des Gebäudes, seine Durchschnittlichkeit sowie alles, was er im Innern zu sehen bekam, enttäuschte Laptew sichtlich.

»Ja, mein Lieber (sie waren inzwischen zum Du übergegangen) das hier ist nicht das KGB«, lächelte Kurt. »Für uns macht der Staat höchstens Groschen locker. Und unsere Steuerzahler wachen sorgfältig darüber, daß man uns ja keinen Pfennig zuviel bewilligt.«

»Da geizen sie mit dem Pfennig, um Tausende und Abertausende zu verlieren!«

»Mag sein. Aber versuch nur mal, den Leuten das klarzumachen. Demokratie! Für uns hat man hier nur Verachtung übrig. Und es sind gar nicht so wenige, die am liebsten sämtliche Geheimdienste im Lande abschaffen würden.«

»Wäre das ein Präsentchen für das KGB!«

Im Büro, in das Kurt Laptew führte, saßen zwei Männer, ebenfalls in Laptews Alter. Sie gingen auf Laptew zu, stellten sich vor und boten ihm an, sich gegenseitig mit Vornamen anzureden: Karl, Franz. Das waren ganz offensichtlich Decknamen, extra einfach für russische Überläufer. Karl war allem Anschein nach der Ältere.

Verhör

»Halten Sie unsere Unterhaltungen nicht etwa für Verhöre«, sagte Karl, indem er Laptew Stuhl und Zigarette anbot. »Es ist aber nun mal unsere Pflicht und Schuldigkeit, uns mit Ihnen zu unterhalten, bevor wir Ihnen politisches Asyl gewähren. Sie können fließend Deutsch. Wo haben Sie es gelernt? Auf der KGB-Schule?«

»Ich habe eine ganz normale Schule besucht, wo der gesamte Unterricht auf deutsch geführt wird. Später habe ich mich dann weiter auf der Universität mit der deutschen Sprache befaßt.«

»Aber solche Sprachschulen unterstehen doch dem KGB.«

»So gesehen untersteht in der Sowjetunion alles dem KGB.«

»Wie viele solcher Schulen gibt es in der Sowjetunion?«

»Das weiß ich nicht. Meiner Ansicht nach nicht sehr viele. Genaue Angaben können Sie, wenn es Sie interessiert, bei der Gesellschaft für sowjetisch-deutsche Freundschaft einholen. Die meisten dieser Schulen haben übrigens Englisch als Unterrichtssprache.«

»Warum?«

»Weil inzwischen die USA Feind Nummer eins für die Sowjetunion sind und nicht Westdeutschland.«

»Wann haben Sie Ihre Tätigkeit beim KGB angefangen?«

»Sie hat noch nicht angefangen.«

»Noch nicht angefangen, heißt das, sie wird noch anfangen?«

»Das hängt von Ihnen ab.«

»Oder vom KGB?«

»Kaum...«

»Warum?«

»Was für einen Nutzen soll das KGB hier von mir haben?«

»Wann haben Sie Ihr Einverständnis gegeben, mit dem KGB zusammenzuarbeiten?«

»Zehn Tage vor der Bestätigung der Zusammensetzung der Delegation durch das ZK der KPdSU.«

»Wer spielt in solchen Fällen die entscheidende Rolle, das ZK oder das KGB?«

»Das weiß ich nicht. Für uns ist das überhaupt keine Frage, weil für uns beides dasselbe ist. Statt ›ZK der KPdSU‹ sagen wir gewöhnlich ›ZK des KGB‹. Auf alle Fälle kommt in allem, was das Verhältnis der Sowjetunion zum Westen anbelangt, dem KGB die entscheidende Rolle zu, wobei der Chef des KGB Mitglied des Politbüros des ZK der KPdSU ist.«

»Woher wissen Sie das alles?«

»Das weiß doch jedes Schulkind.«

»Worin sollten Ihre Aufgaben als Mitarbeiter des KGB bestehen?«

»Den Chef der Delegation überwachen. Auf die anderen Delegationsmitglieder aufpassen. Unangenehme Vorfälle und Provokationen verhüten.«

»Welche zum Beispiel?«

»Zum Beispiel Fluchtversuche.«

»Und weiter?«

»Bei der Rückkehr nach Moskau das KGB über alles informieren, was während der Reise vorgefallen ist.«

»In welcher Form?«

»In dem Institut, in dem ich gearbeitet habe, gibt es eine Abteilung, deren Chef KGB-Offizier ist. Ihm sollte ich meinen Bericht aushändigen.«

»Warum haben Sie eingewilligt, mit dem KGB zusammenzuarbeiten?«

»Um die Erlaubnis für diese Reise nach Deutschland zu bekommen.«

»Wieso ist die Wahl ausgerechnet auf Sie gefallen?«

»Soviel ich weiß, ist sie auch auf alle anderen Delegationsmitglieder gefallen.«

»Wie habe ich das zu verstehen?«

»Die anderen haben alle auch ein entsprechendes Einverständnis gegeben. Das ist nichts als eine Formalität.«

»Und der Delegationsführer selbst?«

»Er muß das nicht.«

»Warum nicht?«

»Weil er seins bereits vor dem Zweiten Weltkrieg gegeben hat.«

Mittagspause

Sie lachten über Laptews Antwort wie über einen Witz, beschlossen, daß es fürs erste genug sei und luden ihn ins Restaurant ein. Karl fragte Laptew, welche Küche er bevorzuge. Laptew sagte, jede, nur nicht die sowjetische. Kurt schlug ein italienisches Restaurant vor. Die gepflegte Atmosphäre des Restaurants und das gute Essen berauschten Laptew geradezu. Auch der gute Wein tat das Seine, und Laptew taute auf.

»Ihr lebt wahrhaftig nicht schlecht!« sagte er. »Wenn ich das in Moskau erzählen würde, würde mir keiner glauben. Ein solches Wohlleben wird uns nicht einmal im erstrebten Kommunismus beschert sein.«

»Und wenn eines Tages auch wir den Kommunismus haben?«

»Dann wird es bei euch keinerlei Wohlleben mehr geben.«

»Nicht zu fassen.«

»Und wir können nicht begreifen, daß ihr das nicht begreifen könnt.«

Pensionsnachbarn

Ins Nachbarzimmer links von Laptew zog ein Flüchtling aus der Tschechoslowakei und ins Zimmer rechts von ihm ein Flüchtling aus Rumänien ein. Beide sprachen perfekt Russisch und Laptew war überzeugt, daß die beiden nicht zufällig hier waren. Beide tranken gern einen. Ihr gutes Russisch erklärten sie mit der gewaltsamen Sowjetisierung ihrer Heimatländer, ihre Trinkfestigkeit – mit der eigenen Tradition. Der Tscheche beteuerte, daß bei ihnen von alters her nicht weniger getrunken worden sei als in Rußland, und der Rumäne war davon überzeugt, daß die Trunksucht aus Byzanz über Rumänien nach Rußland gekommen sei. Polen gab es keine in der Pension. Der Tscheche erklärte dies damit, daß die Amerikaner Polen von der Sowjetunion abspalten wollten und deshalb für die Polen eine eigene Pension mit allem Komfort und Doppelzimmern gebaut hätten. Mit einem einzigen Zimmer kann man gerade noch Russen und Rumänen verführen, aber Polen und Tschechen kann man damit nicht kaufen. Auf die Frage, wieso er denn dann in dieser jämmerlichen Pension hocke, sagte der Tscheche, daß er nun mal leider keinerlei Aufrufe und Proteste unterschrieben habe. Er hätte schon unterschrieben, das hätte ihm nichts ausgemacht, aber aus irgendeinem Grunde sei er übergangen worden. Er sei auch nicht als Kämpfer für die Menschenrechte und demokratische Freiheiten geflüchtet, sondern einfach, um im westlichen Paradies leben zu können. Der Rumäne hingegen erwies sich als ein prinzipieller Kämpfer gegen das kommunistische Regime, hatte alles unterschrieben, was man unterschreiben konnte, und ein paar Mal gesessen. Er war überzeugt, daß man ihm politisches Asyl geben und er eine Stelle beim Sender ›Freies Europa‹ kriegen werde, wo er mehr Geld verdienen würde als in Rumänien ein Minister. Der Tscheche rechnete nicht mit solch einem Glück. Er war ausgebildeter Elektronikingenieur und hatte vor, irgendwann in die USA zu gehen. An den Abenden stritten sie sich darüber, wessen Kommunismus schlechter sei. Laptew stand bei diesem Wettstreit weit an der Spitze. Selbst der Rumäne mußte zugeben, daß es etwas Schlechteres als den russischen Kommunismus gar nicht geben könne, daß man selbst in Kambodscha in zwanzig Jahren besser leben würde als in Rußland.

Verhör

Das Verhör zog sich mit einigen Unterbrechungen einen ganzen Monat lang hin. Inzwischen sprang man nicht mehr so wohlwollend mit ihm um wie in den ersten Tagen. Auch ins Restaurant wurde er nicht mehr ausgeführt. Er bekam ein bißchen Geld, um sich die nötigsten Dinge und Kleidung zu kaufen. Kostgeld bekam er auch, erbärmlich wenig, aber er hätte einigermaßen davon leben können, wenn er nicht »aus Gram« allein an einem Abend fast die Hälfte versoffen hätte, so daß er gezwungen war, auf Hungerration zu schalten, was ihm wiederum zum Nutzen gereichen sollte: er magerte stark ab, wodurch er intelligenter, mit einem Wort europäischer aussah. Die Fragen seiner Befrager kreisten stets um dieselben Themen, so daß es Laptew schon langweilig wurde. Bisweilen reizte es ihn dermaßen, daß er anfing, frech zu werden – wie in Moskau gegenüber der höheren Obrigkeit.

»Warum war es für Sie von Wichtigkeit, in die Delegation aufgenommen zu werden?«

»Für jeden Sowjetmenschen ist eine Reise in den Westen ein Fest. Außerdem, wenn man einmal die Erlaubnis bekommen hat, in den Westen zu reisen, wird man als bewährt und zuverlässig eingestuft. Es hilft einem weiter auf der beruflichen Erfolgsleiter.«

»Sie haben sich demnach aus Eigennutz und Karrieredenken bereit erklärt, KGB-Agent zu werden?«

»Spitzel und KGB-Agent ist nicht ein und dasselbe. Ich habe mich einverstanden erklärt, als Spitzel zu arbeiten und nicht als Agent. Und mein Einverständnis hierfür habe ich nur gegeben, um die Möglichkeit zu erhalten, nach Westdeutschland zu kommen und hier zu bleiben.«

»Wodurch unterscheidet sich im gegebenen Fall ein Agent von einem Spitzel?«

»Wenn das KGB die Absicht hätte, mich gezielt in Ihr Land als »Nichtrückkehrer« einzuschleusen, dann wäre ich ein Agent des KGB.« »Und dann?...«

»Dann hätte ich hier KGB-Aufträge zu erfüllen.«

»Was für welche?«

»Das weiß ich nicht. Man hat mich nicht auf diese Rolle vorbereitet.«

»Auf welche Rolle hat man Sie denn vorbereitet?«

»Auf die Rolle eines KGB-Spitzels wird man nicht vorbereitet. Jeder Sowjetbürger, der schreiben kann, kann ohne jede spezielle Vorbereitung Denunziationen für das KGB schreiben.«

Laptews Antwort wurde wieder für einen Scherz gehalten. Sie lachten. Erzählten sich Witze. Waren sich einig, daß die Sowjetwitze augenblicklich die besten der Welt seien.

Das Gespräch ging weiter.

»Aus welchem Grunde wollen Sie nicht mehr in die Sowjetunion zurückkehren?«

»Ich möchte unter menschlichen Bedingungen leben.«

»Und wieviele Ihrer Sorte gibt es in der Sowjetunion?«

»Zweihundertsechzig Millionen.«

»Ich wollte fragen, wieviele es gibt, die bereit sind, die Sowjetunion zu verlassen.«

»Meiner Meinung nach dürften das nicht sehr viele sein.«

»Warum?«

»Man muß schon überzeugt sein, daß es einem hier im Westen besser geht. Ob das aber bei vielen der Fall ist?!«

»Und bei Ihnen?«

»Ich bin alleinstehend. Ich kann Deutsch. In Moskau hatte ich keine besonderen Perspektiven.«

»Sie hatten Verbindungen zu Dissidenten und haben das Vertrauen dieser Kreise genossen. Warum hat in diesem Fall das KGB Ihnen die Ausreise in den Westen gestattet?«

»Viele sowjetische Intellektuelle, die in den Westen

reisen, haben Kontakte mit Dissidenten. Ich bin da durchaus keine Ausnahme. Außerdem mußte ich für den Direktor den Diener spielen.«

»Was heißt das?«

»Ich mußte ihm seine wissenschaftlichen Arbeiten und ganze Buchkapitel schreiben.«

»Seltsam...«

»Bei uns ist das ganz normal.«

»Was machen Sie, wenn Sie bei uns politisches Asyl bekommen?«

»Mir eine Arbeit suchen und zufrieden vor mich hinleben.«

»Und wenn man Sie auffordert, als Agent für das KGB zu arbeiten?«

»Ich hoffe, daß Sie mir dabei helfen, daß es nicht dazu kommt.«

»Und wenn wir Ihnen nicht helfen?«

»Ich habe keinerlei Unterschrift geleistet, als Agent im Westen zu arbeiten. Aber an Ihrer Stelle würde ich...«

»Wollen Sie uns belehren?«

»Keineswegs! Schließlich sind die Deutschen die geborenen Lehrer, und wir Russen die geborenen Schüler. Die Putzfrau in der Pension, in der ich wohne, versucht mir schon zwei Monate lang unermüdlich beizubringen, wie man das Toilettenpapier richtig benutzt. Das einzige, was wir euch beibringen könnten ist, wie man Wodka pur und direkt aus der Flasche trinkt. Wir, Deutsche und Russen, müssen Freundschaft halten. Wir bringen euch Wodkatrinken bei und ihr uns, wie man Toilettenpapier benutzt.

Besoffen, doch mit sauberem Hintern gehen wir dann gemeinsam dem Kommunismus entgegen.«

Abschiedsessen

Damit waren die Verhöre beendet. Karl sagte, sie müßten sich noch ein paar Mal treffen, um einige geringfügige Details zu präzisieren und einige Unklarheiten zu beseitigen, und lud alle einschließlich Laptew zu einem Abschiedsessen ein. Die Straße zeigte sich ihm auch diesmal wieder in der Belebtheit und Lebhaftigkeit, die ihn so märchenhaft anmutete. Der Bettler mit seinem Akkordeon dudelte wieder dieselben Melodien.

»Mir scheint, das mittlere Einkommen eines deutschen Bettlers ist höher als das mittlere Einkommen eines Absolventen der Universität Moskau«, sagte Laptew. »Komisch! Je besser hier ein Bettler aussieht, desto mehr gibt man ihm. Wenn ich erst einmal Asyl habe, gehe ich als Bettler arbeiten. Nur – was kann ich schon? Singen kann ich nicht, Kopfstandmachen kann ich nicht, ein Musikinstrument kann ich auch nicht spielen. Was ich kann ist, das Sowjetregime kritisieren. Dafür wird man hier gut bezahlt. Nur gibt es auch ohne mich schon mehr als genug Kritiker dieser Sorte. Das erste, was ein sowjetischer Überläufer in diesem Lande begreifen muß ist, wofür man hier Almosen zu geben bereit ist.«

Und wieder lachte alles über das, was dieser sympathische russische »Iwan« da von sich gab. Herr Karl sagte zum Abschied, wenn alle Sowjetemigranten so wären wie Wladilen, dann wäre die Arbeit bei der Spionageabwehr das reinste Vergnügen.

Beratung bei der Spionageabwehr

Am nächsten Tag wurde in Sachen Laptew bei der Spionageabwehr beraten.

»Was ist Ihr erster Eindruck?« fragte der maßgebende Beamte, der eigens aus Bonn nach M. gekommen war.

»Der Bursche ist mit allen Wassern gewaschen«, sagte Karl.

»Völlig klar, daß das ein Agent ist«, sagte Kurt.

»Wieso klar?« wandte Franz ein. »Formal ist er einwandfrei. Und solange nicht bewiesen ist, daß er ein Spion ist, ist er kein Spion. Die Sowjetunion hat im Westen eine Großzahl ihrer Leute, die nur im Falle einer unmittelbaren Kriegsgefahr als Agenten zum Einsatz kommen. Und solange dies nicht der Fall ist, sind sie keine Agenten.«

»Und wenn sie sich dann als Agenten entpuppen, ist es zu spät.«

»Glauben Sie, was er Ihnen erzählt hat?«

»Wir können ihm nicht nachweisen, daß er gelogen hat.«

»Und was ist mit dem Lügendetektor?«

»Den Lügendetektor wenden wir bei Sowjetleuten nicht an.«

»Weil sie gewöhnt sind zu lügen?«

»Im Gegenteil, sie sagen immer die Wahrheit.«

»Da kann ich nicht folgen!«

»Sie sagen die Wahrheit, aber in der Absicht, dich hinters Licht zu führen. Alles, was dieser Typ von sich gegeben hat, ist für sich genommen wahr. Eine Lüge wird erst im Ganzen und außerhalb des Gesprächs daraus. Der Lügendetektor ist nicht in der Lage, aus der Gesamtsumme kleiner Wahrheiten eine große Lüge ans Licht zu bringen.«

»Die sowjetische Infiltrationsmethode ist für uns ein völlig neues Phänomen. Kaum jemand will begreifen, daß dahinter Gefahr lauert. Uns stehen bis zu diesem Moment keine Mittel zur Verfügung, dieser Gefahr zu begegnen. Wir sind auch noch nicht in der Lage zu durchschauen, wogegen wir uns zu verteidigen haben. Es gibt nur ein Verteidigungsmittel, aber das ist inakzeptabel.«

»Und das wäre?«

»Ein Eiserner Vorhang.«

»Aber den hat's doch schon mal gegeben!«

»Bei denen – gegen uns. Aber jetzt brauchen wir einen bei uns – gegen die.«

»Und warum soll das nicht möglich sein?«

»Fragen Sie doch mal unsere Politiker, Unternehmer, Sportler, Schriftsteller, Wissenschaftler und all die anderen. Die Sowjetunion ist ein nicht wegzudenkender Faktor unseres Alltags geworden, dem wir noch keine Immunität entgegenzusetzen haben.«

»Was bleibt da zu tun?«

»Diesem Phänomen gründlichst auf den Grund gehen.

Und dann Verteidigungs- und Schutzmaßnahmen erarbeiten, die seiner Natur Rechnung tragen.«

»Was schlagen Sie vor, im vorliegenden Fall zu tun?«

»Keinen Riegel vorschieben, aber auch keine Brücken bauen.«

»Und was ist, wenn wir ihm das politische Asyl verweigern?«

»Auf welcher Grundlage? Außerdem steht dagegen ein zuverlässiger Widerstand.«

»Welcher?«

»Unsere Demokratie. Unsere Presse. Und soviel ich seinen Anspielungen entnehmen konnte, haben die für diesen Fall bereits etwas in petto.«

»Und wenn...«

»Für *den* Fall erst recht.«

»Das heißt...?«

»Das heißt Krieg. Aber nicht gleich. Meiner Ansicht nach wird man ihn erst als Agenten einsetzen, wenn er sich akklimatisiert und Vertrauen gewonnen hat. Wir haben Zeit genug.«

Im Innern des Feindes

Die Überprüfung war für unseren Helden erfolgreich ausgegangen. Er erhielt politisches Asyl. Aber er wurde sich selbst überlassen. Einsamkeit, Heimweh, ungewohnte Armut und noch ungewohntere Demütigungen warteten auf ihn. Eine Arbeit zu finden, die seiner Ausbildung entsprach, erwies sich als unmöglich. Sämtliche Stellen in antisowjetischen Organisationen und Institutionen waren bereits besetzt. Außerdem verfolgte ihn auf Schritt und Tritt der Verdacht, KGB-Agent zu sein. Um zu überleben, sah sich unser Held gezwungen, jede sich ihm bietende Arbeit anzunehmen.

So kam es, daß er den Hund eines Millionärs spazierenführen ging. Bei einem dieser Spaziergänge sträubte sich der Hund weiterzugehen, und er sah sich gezwungen, ihn mit Gewalt dazu zu bringen. Sofort hängte sich eine giftige Alte wutschnaubend an ihn und verfolgte ihn bis nach Hause, hielt ihm eine Strafpredigt und setzte die Hundebesitzer davon in Kenntnis, daß er mit ihrem Hund tierisch umgegangen sei, worauf er seine gut bezahlte und leichte Arbeit los war.

Zwei Monate lang arbeitete er als Schwarzarbeiter. Seine Kollegen waren alle Türken. Eines Tages ließen sie ihn wissen, daß er sich zu trollen habe, wenn nicht, würden sie ihn kaltmachen, denn sie brauchten seinen Platz für einen ihrer Leute, der gerade nach Deutschland gekommen sei.

Darauf verdingte er sich als Putzmann in einem Restaurant. Aber die Bezahlung war so miserabel, daß er von selber den Hut nahm.

Dann war er Leibwächter und Diener bei einer reichen Alten, die gern reiste. Sie schlug vor, mit ihr zusammenzuleben. Das war seine erste Erfahrung auf dem Gebiet der Verführung reicher Frauen im Westen. Sie bot ihm aber eine dermaßen lächerliche Summe – zudem noch nach ihrem Tode –, daß er sie in Venedig kurzerhand stehenließ und auf eigene Kosten nach Deutschland zurückflog.

Am 1. Mai, dem fröhlichsten Feiertag in Moskau, geriet er abends in eine Gesellschaft, auf der irgendein Jubiläum des Erfinders des Fleischwolfs gefeiert wurde. Diese himmelschreiende Diskrepanz zwischen den Werten des Westens und der Sowjetunion versetzte ihn in finsterste Schwermut. Er schlug dem Mädchen, das ihn hierhergebracht hatte, vor, »diese Versammlung von Idioten« stehen und sitzen zu lassen. Sie antwortete nur, er selbst sei ein Idiot, und ließ ihn ziehen.

Praktische Erfahrung

Der Vorfall mit dem Türschloß sollte nur die erste, beileibe aber nicht letzte Begegnung mit dem realen Westen sein. Schon bald wurde ihm klar, daß sich die westliche von der sowjetischen Lebensweise (aus der Sicht des in den Westen geratenen Sowjetmenschen) vor allem durch den Überfluß an Gegenständen unterscheidet, mit denen der Mensch im Westen tagtäglich zu tun hat. Die Zahl dieser Gegenstände übersteigt die der in Rußland vorhandenen um das Zehnfache, wobei ihre Handhabung um einiges schwieriger ist und monate-, ja jahrelange Übung erfordert.

Um den Prozeß des Einlebens zu beschleunigen, setzte sich Laptew hinter alle möglichen Nachschlagewerke und Vorschriften. Er merkte bald, daß letztere auf Vollidioten zugeschnitten waren. Doch ihn mit seiner humanistischen Ausbildung und seinem akademischen Abschluß kostete es größte Anstrengungen, auch nur irgend etwas davon zu kapieren. Zu guter Letzt hatte er es geschafft, hinter das Grundprinzip sämtlicher deutscher Geschäfts- und sonstiger amtlicher Papiere zu kommen: wenn ein Mensch bei Erreichen eines Zieles niest, beschreiben die Deutschen aufs Pedantischste den Prozeß des Niesens, wobei sie diesen Prozeß als in einen allgemeinen, sagen wir mal den des In-den-Ohren-Bohrens mit einem Spezialgerät eingebettet betrachten. Alle diese Instruktionen wurden ihm erst klar, nachdem sie überflüssig geworden waren, das heißt, nachdem er aufgrund von Erfahrungen und ohne jegliche Anleitung gelernt hatte, mit den jeweiligen Gegenständen umzugehen. Ohne praktische Erfahrung wäre er einfach aufgeschmissen gewesen. Und es gibt nur einen einzigen Weg, schneller an dieses Ziel zu gelangen: die intensive und allseitige Konfrontation mit den grundsätzlichen Gegebenheiten der alltäglichen Lebensumstände. Für den praktischen Alltag erweist sich das Miniatur-Westdeutschland der KGB-Spionageschule in Moskau als ebenso unsinnig wie nutzlos.

Die zweite unabdingbare Voraussetzung für einen Sowjetmenschen, um sich in der westlichen Gesellschaft einzuleben, besteht darin, sich in der Öffentlichkeit eben dieser Gesellschaft gemäß zu verhalten, sei es in Läden, öffentlichen Verkehrsmitteln, in Restaurants oder Behörden etc. Man kann noch so europäisch gekleidet sein und noch so gut die Sprache des jeweiligen Landes beherrschen, an irgendwelchen unbedeutenden Kleinigkeiten merkt jeder, daß man ein Fremder ist, ein Fremdling und Zugewanderter aus dem »Ostblock«. Und auch hierfür braucht es Zeit, wobei es für die überwiegende Mehrzahl der aus dem »Ostblock« Zugewanderten selbst im Verlaufe ihres ganzen Lebens unmöglich bleibt, sich die für den Bürger des jeweiligen westlichen Landes typischen Verhaltensmuster anzueignen. Deshalb bedarf es nicht nur der Anpassung der Fremden an die Bedingungen des jeweiligen Gastlandes, sondern auch einer größeren Toleranz gegenüber den Fremden, damit sie unter den Einheimischen nicht mehr dermaßen auffallen. Doch selbst um sich ein Minimum an Verhaltensregeln einer gegebenen fremden Gesellschaft anzueignen, bedarf es einiger Bemühungen und viel Zeit.

Im Innern des Feindes

In Moskau hatte man ihn offenbar vergessen. Dort nahm man an, er als Sowjetmensch würde all das sowieso aushalten. Und er hielt aus. Zunächst arbeitete er in einer kleinen Firma als Teilzeitarbeiter, fing ganz unten an. Schließlich errang er sich aufgrund seiner Verläßlichkeit und Rechtschaffenheit das Vertrauen der Besitzer der Firma und bekam eine einigermaßen gutbezahlte Dauerstelle. Obgleich er Ausländer war, wurde er von den Inhabern der Firma genommen – nicht zuletzt deshalb, weil er sich mit der Hälfte des Gehalts seines Vorgängers begnügte. Seine Arbeit brachte es mit sich, daß er ständig im Land umherreisen mußte, – eine ideale Ausgangslage für einen Agenten.

Allmählich baute er sich einen Kreis von Geschäftsbekanntschaften sowie einen persönlichen Bekanntenkreis auf. Einige seiner Bekannten hielten ihn für einen CIA-, andere wieder für einen Agenten des Intelligence Service, dritte für den Vertreter einer antisowjetischen Organisation, andere für das Mitglied irgendeiner Verbrechermafia und wieder andere einfach für einen Abenteurer. Natürlich gab es auch einige, die ihn für einen KGB-Agenten hielten, wobei ihm bei alledem die allgemeine Flexibilität und Offenheit des Russen sowie seine unter sowjetischen Bedingungen gewonnene Lebenserfahrung, die nun einmal Wendigkeit und Findigkeit erforderte, im höchsten Grade von Nutzen waren.

Der Kreis seiner Bekanntschaften wurde immer größer, und er sah sich gezwungen, eine eigene Kartei für sie anzulegen. Auf besonderen Karteikarten trug er in eigenen Chiffren die Daten all der Bekannten ein, die ihm einmal nützlich sein könnten. So zum Beispiel dieser hier, ein Geschäftsmann mit einem Nummernkonto auf einer Schweizer Bank. Bei entsprechender Gelegenheit könnte man ihn damit erpressen. Dann dieser hier: ein wichtiger Mann im Kanzleramt des Ministerpräsidenten mit anstößigen Neigungen, was man sich nötigenfalls auch irgendwann einmal zunutzemachen könnte. Er war sehr stolz auf seine Kartei, beschloß aber, vorläufig noch seinen potentiellen Aufklärungsdienst vor Moskau geheimzuhalten, in der Absicht, seine Datensammlung mit der Zeit im Interesse der strategischen Spionageabwehr, für die man ihn in Moskau geschult hatte, nützen zu können.

Obwohl man ihn in Moskau offenbar vergessen hatte, – genau, wie man es ihm damals, als man ihn angeworben hatte, prophezeite, begann er auf eigene Kappe das Land zu erforschen, auf das man ihn in seiner Heimat vorbereitet hatte.

Der Westen erwies sich hierbei noch offener, als man in Moskau ahnte. Zu all dem, was man ohne sonderliche Mühe aus Zeitungen, Fernsehsendungen, Zeitschriften und allerhand Nachschlagewerken, die an den zahllosen Kiosken und in Läden frei zu haben waren, entnehmen konnte, brauchte man lediglich einige persönliche Beobachtungen sowie ein wenig Systematisierungsvermögen beizusteuern. Wenn die Mitarbeiter der Spionageabwehr den Inhalt seiner Schränke gesehen hätten, dann... Im übrigen wären sie in keiner Weise verwundert gewesen. Er war schließlich nicht der erste und einzige, der sich mit diesen Dingen befaßte, und das im Rahmen des gesetzlich Erlaubten! Selbst die Lage wichtiger Objekte, militärische eingeschlossen, sind jedermann bekannt, denn im Umkreis solcher militärischen und strategischen Objekte finden immer wieder Demonstrationen statt, über die Presse und Fernsehen berichten. Und niemand ist in der Lage, das zu unterbinden, denn das würde eine Änderung des Gesellschaftssystems erfordern, und das hieße – die Liquidierung der westlichen Demokratie.

Privatleben

Ungeachtet seines großen Bekanntenkreises blieb er allein. Die Vertrautheit, die in Moskau selbst im Umgang mit zufälligen Bekannten ganz natürlich war, stellte sich hier nicht einmal nach mehreren Jahren freundschaftlicher oder intimer Beziehungen ein. Er machte an sich selbst die Erfahrung, daß es für einen Sowjetmenschen leicht ist, ins Innere der westlichen Gesellschaft einzudringen, aber unmöglich, ein organischer Teil derselben zu werden. Er war dazu verurteilt, ein Fremdkörper zu bleiben, eine Tatsache, die die Sowjetstrategen bei den Überlegungen für ihren Agentenkrieg außer acht gelassen hatten.

Sein Privatleben zerfiel in eine Vielzahl einzelner Episoden, die zwar die Zeit ausfüllten, aber die Seele leer ließen. So war er beispielsweise einmal mit dem Wagen geschäftlich unterwegs. Bei der Ausfahrt aus M. sieht er eine junge Frau mit Rucksack und erhobener Hand am Straßenrand stehen. Schon von weitem sieht er, was das für ein Vogel ist. Da er gerade eine Frau braucht, bremst er und öffnet die Wagentür. Die Frau murmelt einen Gruß, wirft ihren Rucksack wortlos auf den hintern Sitz, setzt sich neben ihn und betrachtet ihn schweigend. Im Hotel geht sie mit ihm aufs Zimmer und bleibt bis zum Morgen. Er versucht, in ein vertrautes Gespräch mit ihr zu kommen, und sagt, daß er aus Rußland sei. Als sie im Bett liegen, löscht er das Licht.

»Macht man bei euch in Rußland Sex im Dunkeln?« fragt sie.

»Normalerweise ja.«

»Wieso?«

»Früher war es so, daß in einem einzigen Zimmer mehrere Menschen zusammenlebten, und da wollten die Paare die anderen Zimmergenossen nicht belästigen. Haben sich vor den anderen geschämt. Außerdem haben die Frauen bei uns keine sonderlich anziehende Unterwäsche, was im Dunkeln – wie die Ärmlichkeit der ganzen Umgebung überhaupt – nicht so abstoßend wirkt. Und last but not least wird bei uns aus dem Sex kein Kult gemacht. Für uns ist Sex nur Vorwand und Mittel für etwas anderes.«

»Und wofür?«

»Beispielsweise für ein Gespräch zwischen zwei Menschenseelen. Sowas gibt es hier nicht.«

»Warum nicht?«

»Ein gutes Gespräch kommt nur dann zustande, wenn es den Menschen schlecht geht.«

»Geht es den Menschen dort schlecht?«

»Nach westlichen Kriterien sehr schlecht.«

»Und warum nehmt ihr das so einfach hin?«

»Wer sagt denn, daß wir das hinnehmen? Wir protestieren.«

»Und wie?«

»Jeder auf seine Weise.«

»Und du zum Beispiel, wie protestierst du?«

»Wie du siehst, bin ich hier – und nicht dort...«

Am nächsten Morgen brachte er sie an die Autobahnkreuzung, wo sich ihre Wege trennten. Sie gingen auseinander, ohne daß er sie nach ihrem Namen gefragt hätte – so wie sie nicht nach seinem.

Der Bettelmusikant

Einmal, als es ihm unerträglich wehmütig ums Herz war, machte er sich zu Fuß ins Stadtzentrum auf, wo er damals in den ersten Tagen seines Lebens in M. den bettelnden Musikanten gesehen hatte. Der Musikant stand noch an genau demselben Platz und spielte noch genau dieselben Melodien. Inzwischen kam sich Laptew reich vor im Vergleich zu ihm. Die Leute gingen achtlos an dem Musikanten vorüber. Laptew stellte sich ein paar Minuten neben ihn. Als der Musikant Laptews Augen auf sich ruhen fühlte, begann er aus irgendeinem Grunde »Die Abende bei Moskau« zu spielen, dann »Katjuscha« und schließlich »Auf den Hügeln der Mandschurei«. Hatte er wirklich erraten, daß Laptew Russe war? Laptew dankte und warf ihm zwei Mark in den Hut.

Ihm war leichter ums Herz geworden.

Psychoanalyse

Alles Positive hat seine Kehrseite. Die westliche Freiheit bedeutet auch, daß der Mensch in vielen lebenswichtigen Situationen sich selbst überlassen ist, weshalb Gefühle der Ratlosigkeit, Niedergeschlagenheit und der Verlassenheit ein weit verbreitetes Phänomen darstellen. Für Laptew sollte dieser Zustand beinahe zu einer Katastrophe führen. Als schwerster Verlust erwies sich für ihn der Verlust des Sowjetkollektivs, von dessen Allmacht er sich in Moskau zu befreien versucht hatte. Er fiel in eine tiefe Depression. Der leidenschaftliche Wunsch, nach Rußland zurückkehren zu können, egal um welchen Preis, bemächtigte sich seiner: wohin auch immer, welche Arbeit auch immer, nur – wieder im gewohnten Sowjetkollektiv sein dürfen mit all seinen Attributen, die ihm in Moskau so unerträglich und erniedrigend vorgekommen waren.

Zufällig stieß er in einer Zeitschrift auf einen Artikel zum Thema »Die Depression und ihre gegenwärtigen Heilungsmethoden« und beschloß, sich nach erfolgter Lektüre einem Psychoanalytiker anzuvertrauen. Der bestand immer wieder darauf, daß er die ganze Wahrheit sagen solle, insbesondere aber wollte er wissen, ob er, Laptew, in der Kindheit nicht Zeuge gewesen sei, wie sein Vater seine Schwester oder der Nachbar seine Mutter oder Schwester vergewaltigt habe oder ob er nicht sogar selber von irgendwem vergewaltigt worden sei oder nicht er selber seine Mutter, Schwester oder seinen Vater vergewaltigt habe. Oder den Nachbarn. Er erzählte daraufhin, daß er in der Kindheit versucht habe, die Katze zu vergewaltigen, die aber vor ihm ausgerissen sei, nicht ohne ihm vorher das Gesicht zu zerkratzen.

»Da haben wir's!« rief der Therapeut mit vor Erregung funkelnden Brillengläsern.

Was Laptew verschwiegen hatte war, daß er die Katze

ohne alle unsittlichen Absichten am Schwanz gezogen, daß es sich um die Katze des Nachbarn gehandelt und der Nachbar ihm wegen »tierischen Umgangs mit einem Lebewesen« gründlichst den Hosenboden strammgezogen hat.

Er mußte lachen. Und er fühlte sich irgendwie erleichtert. Er suchte den Psychoanalytiker noch mehrmals auf. Redete mit ihm über allen möglichen Unsinn. Dachte sich die unmöglichsten Geschichten aus und tat so, als hätte er sie selbst erlebt.

Die Krise ging vorüber. Ob er es aber nun allein geschafft hatte – wie das mit Krankheiten bei Russen zu gehen pflegt – oder tatsächlich dank der Psychoanalyse, das ließ sich unmöglich feststellen. Klar war nur so viel: im Westen gab es eine Unzahl Leute, die niemand anhören will, weshalb immer mehr Spezialisten auftauchen, die diese Leute anhören – für ein schönes Sümmchen Geld, versteht sich. Solche professionellen Zuhörer heißen hier Psychoanalytiker oder Psychotherapeuten. Sie trösten die Leute so, wie früher – und manchmal auch heute noch – die Pfaffen in der Beichte. In der Sowjetunion gab es wegen der völlig anderen Lebensbedingungen, unter denen die Menschen dort leben, keine Psychoanalyse. Der Mensch ist dort stets ins Kollektiv eingebettet, das die Funktion sämtlicher Popen, Psychoanalytiker, Gurus und sonstiger »Tröster« übernimmt.

Sein Wunsch, in die Arme des allheilenden Sowjetkollektivs zurückzukehren, verlor sich mehr und mehr und schließlich ganz.

Beginn der aktiven Tätigkeit als Agent

Für Moskau war er weder der erste noch der letzte, der durch alle diese Etappen des Einlebens und Eingewöhnens in einer fremden Gesellschaft gehen und seine großen »Entdeckungen« machen mußte. Und dort wußte man auch schon im vorhinein, wann das alles ungefähr passieren würde. Und da erinnerte man sich an ihn.

Ein für Deutschland ganz normales, in der Sowjetunion hingegen völlig undenkbares Modegeschäft. Eine junge Frau sucht sich ein Kleid aus. Es ist die Frau, die unter der Bedingung, für den KGB einige Aufträge zu erfüllen, die Erlaubnis bekommen hatte, einen Deutschen zu heiraten. Ihr Deckname beim KGB ist ›Ehefrau‹. Sie lebt inzwischen bereits mehrere Jahre in M. Hat Mann und Sohn. Eine nach Moskauer Maßstäben schöne Wohnung. Ein Auto. Natürlich ein ganz billiges. Aber für einen Sowjetmenschen ist jedes Auto ein unbeschreiblicher Luxus. Die Frau probiert das Kleid an. Es steht ihr. Sie bezahlt. Fährt nach Hause. Und zieht natürlich sofort das neue Kleid an. Betrachtet sich vor dem Spiegel.

»Wenn mich die Mädchen in Moskau sähen, würden sie vor Neid erblassen!« denkt sie laut. »Wirklich nicht schlecht! Und was drin steckt, läßt sich eigentlich auch sehen. Eine Sünde, daß so was ohne Liebhaber auskommen muß. Verbot aus Moskau. Aber schließlich braucht Moskau ja nicht unbedingt alles zu wissen. Die können mir mal! Ich lebe schließlich nur einmal!«

Für ihren Mann hat sie nur Verachtung übrig. Er ist für

sie ein Fremder. Zum Glück ist er selten zu Hause. Sie wollte schon mit ihm brechen und einen anderen heiraten, der ihr einen höheren materiellen Lebensstandard und ein interessanteres Leben bieten konnte. Aber Moskau sagte nein.

Das Telefon klingelt. Sie nimmt nicht gleich ab. Wartet. Die Deutschen sind so höflich, schon nach dem dritten Klingelzeichen aufzulegen. Der Anrufer hier ist sicher kein Deutscher. Eins, zwei, drei..., zehn, elf, – zählt sie. Dann nimmt sie ab.

»Grüß dich«, hört sie die vertraute Stimme des ›Sportlers‹. »Was gibt's Neues?«

»Nichts Besonderes«, antwortete sie. »Und bei dir?«

»Ich habe einen deiner Bekannten getroffen. Laptew. Scheint nicht schlecht untergekommen zu sein. Er meinte, man sollte sich mal treffen. Ach ja, willst du den neuesten Witz aus Moskau hören? Radio Moskau hat folgende Meldung gebracht: ›Der Generalsekretär des ZK der KPdSU Leonid Iljitsch Breschnew hat nach langer schwerer Krankheit und ohne das Bewußtsein wiedererlangt zu haben... seine Amtsgeschäfte wieder aufgenommen.‹ Ist der nicht gut?«

Und ob. Aber das Wichtigste bei diesem Telefongespräch ist nicht der Witz, sondern die Information, unserem Helden den Auftrag zu überbringen, sich zu der und der Zeit an dem und dem Ort mit einem anderen Agenten zu treffen und auszuführen, was er von ihm gesagt bekommt.

Obgleich sich der ›Sportler‹ mit der ›Ehefrau‹ wie mit

einer alten Bekannten unterhielt, hatte er sie noch nie gesehen. Sie lebten sogar in verschiedenen Städten. Die Aufgabe der ›Ehefrau‹ bestand nun darin, die Information aus Moskau einem Menschen zu überbringen, den sie auch noch nie in ihrem Leben gesehen hat und ebenfalls nur von der Stimme her kennt, wobei ihr auch der Sinn der zu übermittelnden Information in keiner Weise klar ist. Laut dieser Information hatte Laptew allein zu Hause zu sitzen und Gäste zu erwarten. Losung so und so. Punkt zwölf öffnete Laptew seine Wohnungstür und ließ nach Wechseln der Erkennungsworte zwei Männer eintreten.

»Du solltest über alle deine Kontakte beim Zentrum Meldung erstatten«, sagte einer der Männer.

»Soweit ich mich erinnere, hat man mir Handlungsfreiheit gegeben. Ich habe mir im Interesse der Sache Zeit gelassen mit der Berichterstattung. Alle Kanäle, durch die ich Informationen nach Moskau leiten kann, befinden sich unter Kontrolle der Spionageabwehr.«

»Das spielt keine Rolle. Also los, raus mit den Resultaten deiner Eigeninitiative.«

Die Gäste fotografierten Laptews gesamte Schrankinhalte, befahlen, alles zu vernichten und in Zukunft diese Eigenbasteleien zu unterlassen.

Das war also der Anfang einer aktiven Agententätigkeit. Sein ganzes potentielles Agentennetz und alle die Informationen, die er in den Jahren, die er nun schon im Westen lebte, gesammelt hatte und ihn von einer erfolgreichen Karriere eines Offiziers des strategischen Nachrichtendienstes träumen ließen, würden nun aufs gründlichste in

Moskau in Augenschein genommen und dann nach Moskaus Ermessen benutzt werden. Für unseren Helden hatte Moskau inzwischen nämlich eine etwas prosaischere Rolle vorgesehen. Er sollte erst einmal alle Etappen einer Agentenkarriere durchmachen, bevor er eine große Figur beim Spionagedienst werden konnte. Und anfangen sollte er, wie ihm die professionelle Ehefrau höherer Klasse, Tanja, in Moskau prophezeit hatte, mit einem Verbrechen.

Operation Eins

Die ›Ehefrau‹ rief an.

»Wie geht's?« fragte sie.

»Mies«, antwortete er. »Was gibt's Neues?«

»Es hat wieder einer die Freiheit gewählt. Diesmal ein Schriftsteller.«

»Wo steckt er im Augenblick?«

»Er hält sich versteckt. Hat Angst, der KGB könnte ihn ins Jenseits befördern oder kidnappen.«

»Machen die nicht momentan.«

»Könnten die schon, damit den anderen die Lust vergeht.«

»Könnten wir uns nicht mal treffen? Bei einer Tasse Tee ein bißchen schwatzen?«

»Wann?«

»Sagen wir mal Anfang der Woche.«

»Abgemacht.«

»Soll ich dir den neuesten Witz aus Moskau erzählen?

Weißt du, was ein Schweinskotelett nach Sowjetischer Art ist?«

»Habe ich mehr als einmal im eigenen Magen zu spüren gekriegt.«

»Demnach weißt du es nicht. Das ist nämlich eine faule Kartoffel, die man einem Schwein geklaut hat.«

Die ›Ehefrau‹ lacht. Aber Laptew ist nicht nach Lachen zumute. Er legt den Hörer auf, geht an die Hausbar, nimmt eine noch volle Flasche Wein heraus und trinkt auf Moskauerisch, das heißt ex.

»Da hast du deine Handlungsfreiheit«, knurrt er, »von wegen wissenschaftliche Dienstreise, Filiale der Akademie der Wissenschaften!... Strategische Spionageabwehr! Gesindel das!!... Wenn ich geahnt hätte, wie das ausgeht, dann... Tja, was ›dann‹? Gab ja gar keinen anderen Ausweg.«

Eine Woche war vergangen. In Laptews Wohnung läutete zur abgemachten Zeit das Telefon. Es war wieder die ›Ehefrau‹.

»Ich habe versucht, dich zu erreichen. Wo treibst du dich rum?«

»Bin ein paar Tage aufgehalten worden.«

»Wo?«

»In London.«

»Oho! Bist zu beneiden! In welchem Hotel?«

»Im ›Ritz‹.«

»Ist das nicht ganz schön teuer?«

»Die Firma zahlt.«

»Also, viel Erfolg. Und bis bald!«

Einige Tage darauf erschien in den Zeitungen eine knappe Notiz des Inhalts, daß der Sowjetschriftsteller so und so, der sich entschlossen hatte, im Westen zu bleiben, ganz plötzlich in London in seinem Zimmer im Hotel ›Ritz‹ einem Herzanfall erlegen sei.

Alltag

Die ›Ehefrau‹ legte ihren Sohn schlafen, drehte das Fernsehen an und machte es sich im Sessel bequem. Es wurde ein James-Bond-Film gezeigt: Bond erobert im Handumdrehen eine bezaubernde Blondine, irgendeine Spionin. Da geht das Telefon. Laptew ist am Apparat.

»Was treibst du?«

»Sehe mir einen Film im Fernsehen an. James Bond. Ein einziger Blödsinn. Aber lenkt von der Wirklichkeit ab.«

»Oder umgekehrt: erinnert an die Wirklichkeit.«

»Auch möglich. Was soll man machen?«

»Sich betrinken – wie ich.«

»Hätte auch Lust dazu.«

»Was hindert dich daran?«

»Mein kleiner Sohn.«

»Und dein Mann?«

»In Moskau kam er mir gegenüber all diesen fluchenden Trunkenbolden wie ein Prinz vor. Inzwischen habe ich begriffen, worauf ich mich eingelassen habe. Aber zu spät. Ein Geizhals – wie alle hier. Rechnet dir jeden

Pfennig vor. Bücher lesen – nicht die Bohne. Von Museum oder Theater gar nicht zu reden.«

»Du kannst ja nach Moskau zurück und da bleiben.«

»Zu Moskau hab ich keine Beziehung mehr. Da ist mir auch alles fremd. Die warten doch nur drauf, daß ich ihnen Geschenke mitbringe. Die denken, wir hätten hier ein Warenlager, hier sei alles umsonst! Und wenn ihnen was nicht paßt, sind sie beleidigt. Und nennen mich hinter meinem Rücken eine KGB-Schlampe.«

»Und wenn du arbeiten würdest?«

»Wo? Als was? Hier gibt's schon genug Arbeitslose. In meinem alten Beruf gibt's für mich hier keine Arbeit. Um einen neuen zu erlernen, dazu hab ich keine Zeit. Außerdem hält man mich hier für eine Sowjetspionin.«

»Vielleicht solltest du irgendwohin abhauen?«

»Wohin? Schön ist es immer dort, wo wir gerade nicht sind. Hier hab ich immerhin Mann, Sohn, Wohnung und Wagen. Als die in Moskau erfahren haben, daß ich mir einen Wagen gekauft habe, sind sie gelb geworden vor Neid. Und nach Moskau lassen sie mich auf jeden Fall wieder. Wenn ich da hinfahre und diesen Alptraum dort sehe, wird mir schlagartig leichter zumute. Und überhaupt halte ich es inzwischen in Moskau nicht länger aus als zwei Wochen. Bis bald!«

»Bis bald!«

Nacht

Der Film war zu Ende. James Bond umarmte und küßte seine Schöne. Die ›Ehefrau‹ dreht das Fernsehen aus. Legt sich schlafen. Löscht das Licht. Auch Laptew macht das Fernsehen aus. Vor ihm steht eine ganze Batterie leerer Flaschen. Er langt sich noch eine. Trinkt. Liegt angezogen auf dem Sofa. Läßt die leere Flasche fallen. Ein Alptraum überfällt ihn in seinem alkoholisierten Zustand: das Gesicht des KGB-Chefs persönlich erscheint ihm.

»Da haben wir die Welt mit Dilettanten überschwemmt und hoffen, mit ihnen Geschichte machen zu können«, sagte Laptew zu ihm. »Nichts weiter als Verblendung von Kretins und Besessenen! Wir sind zu nichts weiter in der Lage, als mit unseren eigenen schutzlosen Flüchtlingen fertigzuwerden, und das auch noch mit Erlaubnis der westlichen Geheimdienste.«

»Was die Dilettanten angeht, haben Sie recht«, antwortet der KGB-Chef, »doch schätzen Sie ihre Rolle in der Geschichte falsch ein. Unsere gesamte Geschichte ist das Werk von Laien; unsere ganze Gesellschaft von Dilettanten erdacht, erschaffen. Wir werden siegen, weil wir Dilettanten sind; der Westen verlieren, weil Profis seine Angelegenheiten regeln. Ja, wir sind Dilettanten. Aber von unserer Sorte gibt es viele. Eine Armee solcher Dilettanten wie wir ist gefährlicher als eine Handvoll Profis. Wir sind Dilettanten, aber alle zusammen schaffen wir das große Werk der Geschichte auf höchst professionelle Weise.«

Das Gesicht des KGB-Chefs verschwimmt, an seine Stelle tritt das des Herrn des Westens.

»Wir sind hier überflüssig!« schreit Laptew ihn an. »Hier läuft auch ohne uns alles ganz von allein zu unserem Nutzen.«

»Das Axiom unseres Agentenkrieges heißt«, sagt der Herr des Westens, »je weniger der Lauf der Dinge von uns abhängt, desto beharrlicher müssen wir uns in sie einmischen. Es geht nicht darum, daß alles in der von uns erwünschten Richtung läuft. Es geht vielmehr darum, daß alles in egal welcher Richtung läuft, dafür aber nach unserem Willen. Wir müssen der Welt beibringen, daß alles, was geschieht, unserem Willen unterworfen ist.«

Der Herr des Westens wird vom Verwalter Europas abgelöst.

»Die Möglichkeiten unserer Massenagentur im Westen sind genau besehen gleich Null!« schreit Laptew. »Alle Agenten sind bei der Spionageabwehr registriert. Als Agenten sind sie keinen Heller wert. Ihre Aktivitäten reduzieren sich auf Banalitäten. Bei Kriegsgefahr werden sie alle über Nacht neutralisiert.«

»Wer weiß denn, was banal ist und was ernstzunehmend?« gab der Verwalter Europas zurück. »Die Versammlung von hunderttausend Menschen, die dem leeren Gewäsch des Römischen Papstes lauschen, ist nach historischen Gesichtspunkten weit weniger ernst zu nehmen als der Aufstand einiger Hundert Jugendlicher mit völlig unbestimmten Zielen und Absichten. Was unsere Agenten wert sind, wissen wir selber. Doch besteht nun mal ihre ureigenste Rolle darin, unbedeutend und nichtig zu sein und nichtige Arbeit zu leisten. Haben Sie noch nie Fäulnisbakterien unter dem Mikroskop gesehen? Und was den Krieg anbelangt, so werden wir ihn beginnen, noch bevor die Leute überhaupt seine drohende Gefahr spüren.«

Das Antlitz des Verwalters verschwimmt. An seiner Stelle erscheint das des Chefverwalters Westdeutschlands.

»Alles, was man uns in Moskau eingebleut hat«, schreit Laptew, »erweist sich in Wirklichkeit als völlig sinnlos! In den Westen zu kommen, schaffen wir schon, aber sich dort zurechtzufinden, ist einfach unmöglich. Wir bleiben trotz aller Anstrengungen Fremdkörper hier. Zehn gut getarnte professionelle Agenten sind mehr wert als zehntausend Dilettanten dieser Massenagentur.«

»Alles, was einen lebendigen Organismus zerstört«, sagt der Chefverwalter, »kann niemals natürlicher Teil desselben werden. Damit zehn Professionelle ihre Arbeit so machen, wie wir es wollen, brauchen wir zehntausend Dilettanten.«

»Was soll das alles für einen Sinn haben?« schreit Laptew. »Um das ganze Land hier im Alleingang zu erkunden, brauche ich mindestens noch zehn Jahre. Während dieser Zeit werden hier Veränderungen vor sich gehen, die unsere ganze bereits geleistete Arbeit wertlos machen. Im Alleingang arbeiten ist sinnlos. Was wir brauchen, ist ein spezielles Zentrum in Moskau – mit modernen Computern ausgestattet, an das die Tausende von Agenten Informationen über jegliche Art von Veränderungen liefern müssen.«

»Dieses Zentrum gibt es schon lange«, sagte Wlassow.

»Soll das heißen, daß ich hier bloß die Rolle eines Hilfsmitarbeiters spielen soll?!« schreit Laptew.

»Wir sind alle nur Hilfsmitarbeiter der Geschichte«, sagt Wlassow.

Routine

Zwei weitere Jahre waren vergangen. Unser Held lebte in dieser Zeit dahin, indem er den westlichen Komfort in dem Maße genoß, wie es ihm seine bescheidenen Mittel erlaubten. Als Informationslieferant für Moskau verwandelte er sich allmählich in einen ganz gewöhnlichen sowjetischen Pfuscher. Und ihm wurde endlich einer der Gründe klar, weshalb die Sowjetunion so viele Agenten im Westen braucht: einfach deshalb nämlich, weil die sowjetischen Institutionen so unbeschreiblich ineffizient arbeiten. »Wenn wir nach kapitalistischen Prinzipien arbeiten würden«, dachte Laptew, »wären Tausende unserer Agenten im Westen ohne Arbeit. Komisch: ein arbeitsloser Spion! Interessant wäre nur zu wissen, wer die Arbeitslosenunterstützung bezahlen würde. Wahrscheinlich die westliche Spionageabwehr.«

Als aktiver Funktionär der Sowjetspionageagentur wurde er zu einer der unzähligen nichtigen Nullen, deren Aufgabe die Desorganisation der Sowjetemigration sowie der antisowjetischen Kreise des Westens ist. Er verrichtete diese seine Arbeit, ohne sich sonderlich anzustrengen, ohne jede innere Beteiligung und erst recht ohne die geringsten Gewissensbisse.

Aus den Zeitungen erfuhr Laptew, daß auf Einladung der Universität M. Professor Krylow nach Westdeutschland kommen werde, eben derselbe, den Laptew aus der Zeit kannte, als er in Moskau Beziehungen zur »inneren Emigration« hatte. Laptew wußte sofort, daß man den Professor eher abgeschoben als in den Westen gelassen hatte, nämlich um ihn fertigzumachen und einem überflüssigen Skandal in Moskau aus dem Wege zu gehen, indem man diesen Skandal in den Westen verlegte. Und als er nun die vertraute Stimme der ›Ehefrau‹ am Telefon vernahm, war ihm auf der Stelle klar, daß Moskau beschlossen hatte, diese Aufgabe ihm zu übertragen.

Am nächsten Tag rief Laptew Krylow an. Seine Adresse und Telefonnummer hatte er über die Universität erfahren. Krylow hatte Besuch. Er erinnerte sich sehr wohl an Laptew.

»Kommen Sie am besten gleich vorbei«, schlug er vor. »Habe eine nette Runde hier versammelt.«

»Heute habe ich leider schon etwas vor. Morgen auch. Aber wenn Sie nichts dagegen haben – übermorgen früh.«

»Ich erwarte Sie voller Ungeduld.«

»Was für eine Überraschung«, sagte Krylow, zu seinen Gästen gewandt. »Ein ehemaliger Schüler aus Moskau.«

»Der mit dem düsteren Gesichtsausdruck, so ein Verschlossener?« fragte einer der Gäste.

»Das ist nur Fassade«, sagte der Professor. »In Wirklichkeit ein prächtiger Kerl. Und sehr nett.«

»Ich weiß schon, wer das ist«, antwortete der Gast. »Sei auf der Hut. Der ist garantiert ein KGB-Mann.«

»Wir werden alle für KGB-Agenten gehalten. Du übrigens auch. Wenn man jeden verdächtigen wollte…«

»Ich wollte dich bloß warnen. Dieser Typ hat sich nicht zufällig bei dir gemeldet, glaub mir.«

Der vorsichtige Gast erstattete beim Staatssicherheitsdienst Meldung über seinen Verdacht.

»Dieser Laptew ist KGB-Agent.«

»Was haben Sie für Beweise?«

»Für uns ehemalige Sowjetmenschen bedarf es keiner Beweise. Wir brauchen uns so einen nur anzusehen, um zu wissen, mit was für einem Vogel wir es zu tun haben.«

»Haben Sie ihn in Moskau gekannt?«

»Persönlich nicht. Habe aber viel von ihm gehört.«

»Hat er sich dort in irgendeiner Weise kompromittiert?«

»Das nicht. Aber eben das war es, was das KGB brauchte. Man hat ihn für die Arbeit hier geschult. Und ich bin sicher, daß er sich nicht zufällig bei Professor Krylow gemeldet hat.«

Als Laptew zu dem Haus kam, in dem Krylow wohnte, sah er sofort, daß der Professor bewacht wurde. Er mußte lachen: wenn Moskau einmal beschlossen hat, »diese Kanaille zum Schweigen zu bringen«, kann auch die beste Bewachung nicht mehr helfen.

Krylow war aufrichtig erfreut, seinen ehemaligen

»Schüler« wiederzusehen. Laptew wurde nach russischem Brauch mit offenen Armen und der traditionellen russischen Gastfreundschaft empfangen.

»Da sehen Sie«, sagte Krylow, nachdem sie sich wortreich und nicht ohne Gefühlsüberschwang begrüßt hatten, »zu guter Letzt hat man mich nun doch reisen lassen. Was sagen Sie dazu?«

»Meiner Meinung nach war es der einzig mögliche Weg, sich Ihrer zu entledigen.«

»Aber ich bin doch kein Politiker!«

»Sie sind für die Sowjetmacht gefährlicher als jeder Politiker. Sie vergreifen sich an der Erkenntnis über die Gesetzmäßigkeiten der ökonomischen Struktur der Sowjetgesellschaft, was nun einmal ein Prärogativ der höheren Führung ist.«

»Aber ich tue das doch nur zum Wohle und nicht zum Schaden der Sowjetunion!«

»Zu wissen, was zum Schaden oder zum Wohle der Sowjetunion gereicht, ist ebenfalls ein Prärogativ der Sowjetführung.«

»Was würden Sie an meiner Stelle tun?«

»In Moskau ist sowieso kein Platz mehr für Sie. Ergreifen Sie selbst die Initiative. Schreiben Sie einen Artikel mit einer scharfen Kritik an der Wirtschaftspolitik der Sowjetführung. Man wird Ihnen darauf wegen antisowjetischer Aktivitäten die Sowjetbürgerschaft aberkennen. Und das wiederum wird Ihre Position hier festigen.«

Krylows Bekannte versuchten den Professor von allen Seiten und auf jede Weise davon zu überzeugen, daß dieser

»Schüler« von ihm ein KGB-Agent sei. Nur deckten sich die Ratschläge des »Schülers« hundertprozentig mit denjenigen derer, die den »Schüler« für einen Agenten hielten. Wissen zu können, wer in dieser Situation Freund und wer Feind sei, war praktisch unmöglich. Und Krylow schenkte seinem »Schüler« Vertrauen, indem er sich sagte, daß, selbst wenn er wirklich ein Agent war, er ihm, Krylow, doch in der einen oder anderen Weise behilflich sein würde. Offenbar beabsichtigte Moskau, ihn, Krylow, in einer Weise zu benutzen, die seinen ureigensten Interessen entgegenkam.

Krylow schätzte die Begegnungen und Gespräche mit Laptew sehr, die ganz im Moskauer Geist, das heißt über Gott und die Welt und ohne jedes feste Konzept, auch ohne jeglichen Blick auf die Uhr verliefen. Hin und wieder trafen sie sich auch in Laptews Wohnung und diskutierten bis in den Morgen Kapitel um Kapitel des neuen Buches des Professors, das das Hauptwerk seines Lebens werden sollte. Freilich ahnte Krylow nicht, daß alle seine Ideen, die er in seinem Buch dargelegt hatte, ja sogar ganze Passagen, umgehend nach Moskau weitergeleitet wurden.

Schließlich war das Buch fertig, und sein treuer »Schüler« half ihm, einen guten Verlag zu finden. Doch da boten gewisse Sowjetvertreter dem Verlag ein auf Deutsch in Moskau erschienenes Buch sowjetischer Wissenschaftler an, dessen Inhalt in auffallender Weise mit demjenigen von Krylows Buch übereinstimmte. Womit die wissenschaftlichen und publizistischen Möglichkeiten des Professors im Westen ein für allemal ihr Ende gefunden hatten.

Für diese Operation erhielt Laptew in Moskau einen entsprechenden Orden und einen höheren Rang verliehen. Außerdem wurde der Beschluß gefaßt, ihm einen höheren Agentenstatus zuzubilligen.

Agentenkarriere

Dieser Beschluß war auf die Veränderungen in der Sowjetunion zurückzuführen. Breschnew war gestorben. Sein Nachfolger wurde Andropow. Unser Held mußte befürchten, nach Moskau zurückbeordert zu werden. Mit seinen in Westdeutschland gesammelten Erfahrungen und Kenntnissen schien er zum Berater der neuen Führung prädestiniert. Doch Andropow starb nicht lange danach, und an seine Stelle trat ein anderer alter Marasmatiker vom Schlage Breschnews - Tschernenko. Vieles, was Andropow vorgehabt hatte, wurde aufgegeben oder auf die lange Bank geschoben. So auch das sowjetische Agentennetz im Westen. Andropows große, ehrgeizige Pläne hatten kleinlich kleinkrämerischen Tageskalkulationen Platz zu machen. Die Hauptanstrengungen seiner Spionageagentur orientierte Moskau dahingehend um, aus Westdeutschland so viel wie möglich von allem herauszuholen, was für die Überwindung der sowjetischen Wirtschaftskrise benötigt wurde. Man beschloß, Laptew als einen der Hebel für diese neuen Agentendirektive zu benutzen.

Und wieder klingelte in der Wohnung der ›Ehefrau‹ das vereinbarte Telefon. Und wieder erzählte der gemein-zynische ›Sportler‹ irgendein Blabla, das er mit dem obligat neuesten antisowjetischen Witz aus Moskau be-schloß:

»Weißt du, welches die neueste Zielsetzung ist in der Sowjetunion? Den Fünfjahresplan in vier Jahren zu er-füllen!«

Und wieder ging in Laptews Wohnung das vereinbarte Telefon. Und wieder beklagte sich die scheinheilig-freundliche ›Ehefrau‹ über diese herzlosen deutschen Geizhälse und schloß ihren Seelenerguß mit dem Witz, den sie soeben vom ›Sportler‹ gehört hatte.

Diesmal stand eine höchst ernstzunehmende Begeg-nung bevor. Laptew machte lange Umwege durch Deutschland, um sicher zu sein, daß er nicht von der Spionageabwehr beschattet würde. Die Begegnung fand in einem kleinen Städtchen statt, in der Wohnung eines alten Pensionärs und Ex-Nazis, den man noch zur Zeit seiner Gefangenschaft in der Sowjetunion für den sowjetischen Spionagedienst angeworben hatte. Der Ex-Nazi war da-von überzeugt, daß Amerika und England am Zusammen-bruch Deutschlands schuld seien. Sie hätten Hitler nach Rußland geschickt, um Deutschland dann hinterrücks einen Dolchstoß zu versetzen. Er war außerdem auch überzeugt, daß die Sowjetunion an einem möglichst star-ken, von den USA unabhängigen Westdeutschland inter-essiert sei. Und als ihm dann Gelegenheit geboten wurde, der sowjetischen Spionageabwehr einen Dienst zu erweisen, tat er dies mit größtem Vergnügen und in der aufrichtigen Gewißheit, seine Pflicht gegenüber Deutschland zu erfüllen.

Bei der Begegnung mit Laptew war eine Crew von vier Leuten anwesend. Die Aufgabe zweier dieser Leute bestand darin, einen Plan auszuarbeiten, wie Laptew in eine große Firma eingeschleust werden könnte, die künftig eine wichtige Rolle bei der Ausweitung der geschäftlichen Beziehungen zwischen Westdeutschland und der Sowjetunion spielen sollte. Die Einschleusmethode war völlig banal: Erpressung einer einflußreichen Persönlichkeit dieser Firma. Der Preis: Laptews Einstellung als Experten für die Sowjetunion mit entsprechend großer Arbeitserfahrung in Firmen dieser Art. Die Aufgabe der beiden anderen bestand darin, Laptew ausführlicher mit seiner zukünftigen Tätigkeit vertraut zu machen.

Laptew in der besagten Firma unterzubringen, erwies sich als unerwartet einfach: die Firma brauchte gerade einen Spezialisten wie ihn, und Laptew erwies sich als der in jeder Hinsicht am besten geeignete Kandidat. Da die Firma die Eröffnung einer Filiale in Moskau beabsichtigte, konnte man ihm sogar einen guten Posten in dieser Moskauer Filiale anbieten, den er aber auf Moskaus Geheiß mit der Begründung ausschlagen mußte, daß er für Moskau ein Staatsverbrecher und der Weg in die Sowjetunion für ihn auf immer verschlossen sei.

Neue Etappe

In der neuen Firma verfügte unser Held über sein eigenes Büro und eine junge Sekretärin namens Jutta. Er nahm sich eine neue, seinen neuen Möglichkeiten entsprechende Wohnung und kaufte sich ein neues Auto. Er hatte damit einen Wohlstand erreicht, von dem er früher nicht einmal zu träumen gewagt hätte. Und wenn es nach ihm gegangen wäre, hätte er am liebsten mindestens für ein paar Jahre alles so belassen und nichts an seiner Situation geändert. Doch in Moskau dachte man anders. In Moskau war man der Ansicht, je höher der soziale Status eines Agenten und seiner Beschützer, desto sicherer ist seine Stellung als Agent und desto ertragreicher seine Tätigkeit. Die glänzendste Bestätigung dieser Tatsache haben die großen Spione unseres Jahrhunderts geliefert: Philby, Penkowskij, Guillaume und andere. Er machte Moskau darauf aufmerksam, daß er neuerlicher Gegenstand konzentriertester Aufmerksamkeit seitens der Spionageabwehr sei und eine zu weitgehende Aktivität von seiner, Laptews Seite, nur zum Schaden der Sowjetunion gereichen könne. Aber in Moskau ließ man seine Warnung nicht gelten. Man erwog die Lage reiflich und kam zum Schluß, daß er gegen jeglichen Angriff des Spionageabwehrdienstes hundertprozentig gefeit sei.

Seine Unanfechtbarkeit basierte für Moskau auf zwei Umständen. Erstens: so harmlos im einzelnen die Aktivität eines Westspions in der Sowjetunion auch sein mag, die sowjetische Gesetzgebung erlaubt es, die Gesamtheit vieler harmloser Aktionen als Agententätigkeit einzustufen. Im Westen dagegen bietet die Tatsache noch so vieler Spionageoperationen eines Sowjetspions noch immer keine Handhabe, ihn der Spionage zu bezichtigen. Laptew aber hatte strengste Vorschrift, sich in jeder Hinsicht so zu verhalten, daß auch nicht der geringste Verdacht oder gar Zweifel an seiner Person aufkommen konnte. Zweitens: die Sowjetunion hält sich in der Tat an das Prinzip der beidseitig nutzbringenden Geschäftsbeziehungen mit Westdeutschland und ist dabei ein guter und zuverlässiger Partner. Daher hatte Laptew die Auflage, so zu agieren, daß die Resultate seiner Tätigkeit offensichtlich zum Nutzen der deutschen Seite ausfielen. Mehr noch, die sowjetische Seite hatte sich so bei der deutschen »einzuschmeicheln«, daß eben gerade Laptews Verdienste und Fähigkeiten deutlich sichtbar wurden. Gleichzeitig war geplant, daß die Sowjetvertreter von Zeit zu Zeit ihren Mißmut darüber zum Ausdruck bringen sollten, daß ein sowjetischer Überläufer in Firmenangelegenheiten mitzureden habe. Dies freilich nicht allzu nachdrücklich und nur so weit, daß Laptew dadurch nicht etwa seine Stelle verlor.

Wo der Hund begraben liegt

Warum, so fragt man sich, ermöglicht die Sowjetunion ihren Agenten solche Positionen? Wo liegt hier der Hund begraben? Die Antwort auf diese Frage ist höchst einfach.

Es handelt sich dabei keineswegs um ein großes, sensationelles Geheimnis, das Stoff für einen spannenden Spionageroman oder einen Spionagefilm à la James Bond liefern könnte. Doch wenden wir uns mit dieser Frage an den uns bereits bekannten Geheimdienstoffizier, der sich unserem Helden damals als »Karl« vorgestellt hat.

»Wo also liegt der Hund begraben?«

»Wir und die, wir haben einfach ganz verschiedene Kriterien für das, was wir jeweils als von Vorteil und Nutzen ansehen. Alles, was bei uns im Westen zu haben ist, betrachtet Moskau aus der Sicht seiner Bedürfnisse, Möglichkeiten und nicht zuletzt Kosten. Moskaus Kalkulationen sind anderer als ökonomischer Art. Und hier spielt der sowjetische Nachrichtendienst eine kolossale Rolle. Nehmen Sie doch nur einmal all diesen unwichtigen und überflüssigen Plunder und Schnickschnack. Für uns kostet er Pfennige. Und die Sowjetunion hat ihn in Riesenmengen so gut wie umsonst geliefert bekommen. Die Sowjetunion, die dieses überflüssige Zeugs dringend benötigt, hätte selber viele Jahre und noch mehr Kosten aufwenden müssen, um es in eigener Produktion herzustellen.«

»Erstaunlich! Aber begreift man das denn nicht bei uns?«

»Bei uns bezieht man bei den Gestehungskosten dieses ganzen Klimbims nicht die jahrhundertelange Zivilisationsgeschichte mit ein, dank derer diese Dinge so billig werden konnten.«

»Heißt das, daß der Kampf gegen die Sowjetspionage diesbezüglich sinnlos ist?«

»Das heißt, daß man sie nicht isoliert sehen darf, sondern

als Teil der sowjetischen Gesamtstrategie gegenüber dem Westen. Und den Kampf gegen sie muß man als Teil unserer Gesamtstrategie gegenüber der Sowjetunion führen.«

»Und was hat Ihrer Meinung nach in dieser Hinsicht zu geschehen?«

»Für den Anfang wäre es von Nutzen, im Westen eine internationale Organisation für den Kampf gegen das sowjetische Agentennetz zu gründen. Der Spionagekrieg ist bereits eine Tatsache. Unser Gegner führt ihn nach allen Regeln eines großen Krieges, während wir uns in unkoordinierten Scharmützeln verzetteln – im übrigen meistens der Politik und Presse zuliebe.«

»Der Gewinn Moskaus wäre demnach in diesem Falle weniger groß, wenn sein Nachrichtendienst nicht wäre?«

»In diesem Falle, ja. Aber das muß nicht immer so sein.«

»Wie soll ich das verstehen?«

»Häufig agiert der sowjetische Nachrichtendienst zum Nachteil Moskaus.«

»Wie das?«

»Dort richtet man sich nach festgelegten Prinzipien, die der jeweiligen konkreten Situation nicht immer angemessen sind. Zudem ist die Sowjetspionage ein unveräußerlicher Bestandteil des Sowjetsystems überhaupt und hat irgendwie – und sei es nur rein formal – für die erforderlichen Rechenschaftsberichte und zur Rechtfertigung der für sie aufgewendeten Ausgaben zu funktionieren. Überschätzen Sie nicht das intellektuelle Niveau Moskaus. Die Erfolge der Sowjetspionage im Westen sind in der Hauptsache durch die beispiellosen Möglichkeiten zu erklären, die ihr unser System bietet. Die Mißerfolge, die die Sowjetspionage bei uns hinzunehmen hat, sind vor allem auf die begrenzten Möglichkeiten ihres eigenen Systems in Moskau zurückzuführen. Warten wir noch ein wenig, und Moskau wird jedes Gefühl für ein gesundes Maß verlieren und seine Agenten zwingen, Fehler zu machen.«

Dolce Vita

Wladilen Laptews Leben trat in eine Phase, die in der Sowjetunion mit dem westlichen Lehnwort »Dolce vita« bezeichnet wird. Seinen Familiennamen »Laptew« änderte er in »Bastmann« und seinen Vornamen »Wladilen« in »Wlad«. »Wlad Bastmann« weckte nun bei niemandem mehr irgendwelche Assoziationen mit der allmächtigen sowjetischen Spionageorganisation, wie dies bei »Wladilen Laptew« der Fall gewesen war. Er hatte eine schöne Wohnung und einen neuen Wagen, eine junge und hübsche Geliebte und eine gut dotierte Stelle. Das Heimweh, das ihn in den ersten Jahren, die er im Westen lebte, geplagt hatte, war völlig verflogen. Hätte man ihn heute vor die Wahl gestellt – ein Leben ohne materielle Sorgen in Moskau oder ein Leben auf eigenes Risiko im Westen, er hätte sich für letzteres entschieden.

Als Laptew beschloß, seinen Vor- und Familiennamen zu ändern, behielt er für alle Fälle seinen auf Wladilen Laptew ausgestellten Paß, indem er vorgab, seine

Aktentasche sei mit sämtlichen Papieren aus seinem Wagen gestohlen worden. Auch sein Auto mit den auf seinen alten Namen ausgestellten Papieren behielt er. Denn wer weiß, wie sich das Schicksal Wlad Bastmanns gestalten würde? Seine derzeitige Lage war zwar absolut sicher, aber schließlich hing nicht alles, was sein Schicksal betraf, von ihm selber ab. Moskau spielte sein großes Spiel mit dem Westen, und in diesem Spiel stellte er, Laptew, nichts weiter als eine unbedeutende Schachfigur dar. Willst du deine Haut retten, dann sei zu jeder Zeit und in jeder Lage auf Überraschungen gefaßt! Selbstschutzmittel in Einsatz bringen, die nur ihm allein bekannt sind, – das sollte für ihn Aufgabe Nummer eins in nächster Zeit sein.

Wort gleich Tat

In der KGB-Schule hatte Laptew eine Vorlesung darüber gehört, wie man sich mit Westlern unterhält.

»Sie werden im Westen ständig gezwungen sein, sich mit den verschiedensten Leuten über die verschiedensten Themen in den verschiedensten Situationen zu unterhalten«, hatte der Dozent gesagt. »Man wird Sie, gleich, wer Sie sind, immer als Sowjetmenschen betrachten, auch wenn Sie schon lange im Westen leben und dort tätig sind. Wie Sie mit Ihren westlichen Gesprächspartnern und Zuhörern sprechen, wird nicht ohne Einfluß auf die psychologische und ideologische Situation im Lande bleiben. Das am rechten Ort und zur rechten Zeit geschickt eingeflochtene Wort ist eine wichtige Waffe in unserem Kampf mit dem Westen. ›Steter Tropfen höhlt den Stein‹, lautet ein altes Sprichwort. Ein einzelnes Wort bedeutet für sich allein genommen noch gar nichts. Aber eine Vielzahl von Wörtern, über längere Zeit hin und nach bestimmten Regeln vorgebracht, vermag die Kraft eines gewaltigen Stromes zu erlangen, dem zu entkommen schlechterdings unmöglich ist. Um das von unserer Seite erwünschte Resultat auf dem Weg über das Wort zu erzielen, sind die Voraussetzungen in dem betreffenden westlichen Land sowie die Eigenheiten des westlichen Menschen in Betracht zu ziehen. Hierbei bedarf es besonderer Bewußtseinsbeeinflussungsmethoden durch das Wort, die sich von den Methoden unserer inneren ideologischen Arbeit prinzipiell unterscheiden. Sie mit diesen Methoden vertraut zu machen, bin ich bemüht. Sobald Sie im Westen sind, werden Sie in der fremden Umgebung ganz von allein aus schlichtem Selbsterhaltungstrieb sehr bald schon die erforderlichen praktischen Fertigkeiten entwickeln.«

Der Dozent sollte recht behalten. Laptew konnte sich aufgrund eigener Erfahrung davon überzeugen, daß es für einen Sowjetmenschen im Westen höchst schwierig ist, Gesprächen über die Sowjetunion aus dem Wege zu gehen. Aber schon bald hatte er den Bogen raus, sich zu diesem Thema so zu äußern, so daß seine Aussagen als Musterbeispiele in ein Lehrbuch zur Methode der Sowjetpropaganda im Westen hätten aufgenommen werden können. Gäbe es eine Möglichkeit, all die Gespräche Laptews zu sammeln und zu publizieren, die er in den Jahren seines Lebens in Westdeutschland führte, wäre das keine geringere Sensation als die Entlarvung von Guillaume und Lorenz. Und was erst sämtliche Unterhaltungen all dieser Laptews zusammengenommen hergeben würden?! Wer kann ihre Wirkung auf den psychologischen und ideologischen Zustand des Landes und auf die öffentliche Meinung zu wichtigen Ereignissen in der Welt ermessen?!

Ein Beispiel möge genügen. Während eines Empfangs drehte sich das Gespräch um das Papstattentat. Die Mehrheit der Anwesenden neigte zu der Ansicht, daß Moskau dabei seine Hand im Spiele gehabt habe.

»Die Bulgaren müssen dabei nur zur Tarnung herhalten. Das KGB agiert immer auf dem Wege über Mittelsmänner und fremde Handlanger«, sagte einer der Gäste.

»In Moskau hat man es mit der Angst gekriegt, daß der Papst in Polen den Sozialismus abschafft, und den Bulgaren befohlen, ihn zu beseitigen«, sagte die Dame des Hauses mit Blick auf Bastmann und in Erwartung seiner Zustimmung.

»Meiner Meinung nach haben es eher die Polen selbst mit der Angst gekriegt«, sagte Bastmann.

»Wieso denn?«

»Weil sie sonst hätten arbeiten müssen.«

»Ganz Ihrer Meinung«, sagte der Gastgeber. »Ein so großes Land kann schließlich nicht ewig auf Kosten der amerikanischen Steuerzahler leben.«

»Auf Kosten der deutschen Steuerzahler ebenfalls nicht«, ergänzte Bastmann.

»Ich hätte gern einmal gewußt, was dieses Polen den Westen kostet«, sagte einer der Gäste. »Bestimmt weitaus mehr als Kuba und Zentralamerika Moskau.«

»Seltsam, dieses Attentat«, sagte ein anderer Gast. »In technischer Hinsicht absolut primitiv und dilettantisch organisiert. Und Ort und Zeit geradezu wie extra für Sensationsmeldungen in der Presse ausgewählt. Und was hat Moskau davon? Der Verdacht fällt doch unter allen Umständen auf das KGB. Was meinen Sie dazu?«

»Wenn ich KGB-Chef wäre«, sagte Bastmann, »hätte ich ganz entschieden Maßnahmen getroffen, um dieses Attentat zu verhindern. Und wenn ich Chef irgendeines westlichen Geheimdienstes wäre und der Sowjetunion hätte Schaden zufügen wollen, dann hätte ich das KGB zu eben solch einem Attentat provoziert. Es hat den Anschein, als hätte im vorliegenden Falle der CIA das KGB geschlagen. Und das gibt immerhin zu einigen Hoffnungen Anlaß.«

Die Umstehenden überhörten geflissentlich sein zweifelhaftes Kompliment an die Adresse der CIA. Dafür blieb die Anspielung, daß das Attentat auf den Papst eine antisowjetische Provokation des CIA darstellte, irgendwo in ihrem Unterbewußtsein haften. Und in eben dieser Richtung wirkte nicht nur Laptew-Bastmann, sondern wirkten Hunderte von Laptews. Der Same des Antiamerikanismus, den sie in allen Schichten und Kreisen der deutschen Gesellschaft säten, fiel auf fruchtbaren Boden.

»Das KGB würde sich schwerlich mit irgendwelchen hergelaufenen türkischen Gaunern abgeben und auch noch Riesengelder dafür zahlen«, sagte die ›Ehefrau‹ zu ihren deutschen Bekannten. »Das KGB geht lieber so vor, daß ihm niemand an den Wagen fahren kann.«

»Für Moskau kann es überhaupt keinen Sinn haben, den Papst umzubringen«, sagte der »Sportler« zu seinen deutschen Freunden und goß ihnen ein Bier ein. »Hat er doch die katholische Kirche zu einer politischen Jahrmarktsbude und einem Mittel der Eigenreklame gemacht. Und in Polen hat er die Unzufriedenheit eher gezügelt als aufgestachelt. Wie dem auch sei, in einem für die Sowjetunion kritischen Augenblick hat er die Polen nicht zum Aufstand aufgerufen.«

»Bei diesem Attentat ist weniger interessant, daß es geschehen, als daß es mißglückt ist«, sagte Laptew in einem Gespräch mit seinem Chef. »Ich habe den Verdacht, daß das Mißlingen des Attentats am ehesten die Kollegen des Papstes im Vatikan bedauern.«

Diese Bemerkung Laptews machte schnell die Runde unter den Mitarbeitern der Firma und gab zu allerlei Mutmaßungen Anlaß.

»Dieser Russe ist beileibe kein Dummkopf«, sagte einer der Firmenchefs. »Sollte er wirklich ein Sowjetspion sein, würde das bedeuten, daß in der Sowjetregierung ernstzunehmende Geschäftsleute sitzen, mit denen sich zusammenarbeiten läßt.«

»Und wenn er kein Spion ist?«

»Dann erst recht.«

Solche Gespräche führten dazu, daß immer mehr Leute aus Laptews Umgebung aufhörten, ihn für einen Sowjetspion zu halten. Wenn das Wort »Spion« im Zusammenhang mit ihm gebraucht wurde, dann normalerweise ohne tiefere Überzeugung, einfach so und eher im Scherz. Unter denjenigen, die sich über Laptew äußerten, gab es immer einige, die den Verdacht, daß er ein Spion sei, als völlig irrwitzige »Spionomanie« abtaten. Major Wlassows Prophezeiung, daß ihn die Deutschen höchst persönlich gegen den »absurden« Verdacht, er sei ein Spion, verteidigen würden, traf mit mathematischer Genauigkeit zu.

Ein Jahr verging. Der Chef des sowjetischen Nachrichtendienstes in Westdeutschland ließ Moskau wissen, daß die antisowjetische Kampagne im Zusammenhang mit der bevorstehenden Gerichtsverhandlung in Sachen Papstattentat in Rom in Westdeutschland keinen Erfolg haben werde. Schwer zu beurteilen, welche Rolle beim Zustandekommen dieses Umstands die zahllosen Laptews in Westdeutschland gespielt haben mögen. Doch bereits die Tatsache, daß sie der Sowjetführung zuverlässige Informationen für ihr Vorgehen lieferten, war viel wert.

Höhere Gesellschaft

Wlad Bastmann erhielt immer häufiger Einladungen auf offizielle oder private Empfänge, die allmählich auch ein gehobeneres Niveau zu bieten hatten. Selbst beim Adel des Ortes verkehrte er inzwischen, wenn auch nicht gerade in den tonangebenden Häusern. Aber ihm reichte das völlig. So oft er sich in Gesellschaft zeigte, vermochte er sich geschickt im Urteil der Anwesenden über ihn in ein angenehmes Licht zu setzen, indem er durch die Ernsthaftigkeit seines Urteils, seine Bildung, seinen Scharfsinn und seine Herzlichkeit ihre Sympathie zu erringen wußte. Alle, mit denen er in Berührung kam, im Handumdrehen zu bezaubern, wurde ihm zur zweiten Natur. So erschien er eines Tages im Hause eines der reichsten und auf seinem Gebiet einflußreichsten Geschäftsleute in M. Wir wollen ihn Ritter, Klaus Ritter nennen.

»Seltsamer Name«, sagte Herr Ritter, als man ihm Herrn Bastmann vorstellte. »Jüdisch?«

»Ich bitte Sie, Herr Ritter, das sei fern von mir«, antwortete Herr Bastmann. »Ich bin bloß Russe, mein Name ist Wladilen Laptew. Um überflüssige Assoziationen zu vermeiden, habe ich meinen Namen geändert.«

»Ah ja! Ich habe schon von Ihnen gehört. Man sagte mir, Sie seien ein Sowjetspion. Was ich aber natürlich nicht geglaubt habe.«

»Mir hat man das auch gesagt. Aber ich habe es auch nicht geglaubt«, antwortete Laptew.

»Was glauben Sie, beabsichtigt nun die Sowjetunion eine Okkupation Westdeutschlands oder nicht?«

»Aber natürlich beabsichtigt sie das.«

»Aber warum?«

»Um die Geschlechtswörter im Deutschen abzuschaffen.«

Herr Ritter lachte herzlich über Herrn Bastmanns Antwort, klopfte ihm auf die Schulter, sagte, er würde sich gern einmal über die sowjetisch-deutschen Beziehungen mit ihm unterhalten und zog sich auf sein Zimmer zurück, denn er war alt und krank. Des Herrn Bastmann bemächtigte sich seine junge Frau, Charlotte Ritter, – jung im Vergleich zu Herrn Ritter, versteht sich.

Lotta

»Nennen Sie mich doch einfach Lotta«, sagte sie und ließ ihre künstlichen Zähne blitzen, die auffallend schön gewesen wären, wenn sie sich nicht im Mund dieses »vertrockneten Stockfischs mit der ewigen Sonnenbräune der Millionäre« (wie Herr Bastmann in Gedanken urteilte) befunden hätten. »Ist es schon lange her, daß Sie Rußland verlassen haben?«

»Schon eine Ewigkeit.«

»Für länger?«

»Auf ewig.«

»Und warum? Na ja, völlig klar. Sie haben ja in Rußland ein totalitäres Regime in der Art unseres Naziregimes.«

»Wenn Sie so meinen, bitte!«

»Was meinen denn Sie?«

»Ich meine, daß es idiotisch von mir war, Rußland zu verlassen.«

»Was hindert Sie daran zurückzugehen?«

»Aus sowjetischer Sicht bin ich ein Verbrecher, für Leute wie mich gibt es kein Zurück.«

»Und was hindert Sie daran, hier glücklich zu sein?«

»Die Einsamkeit.«

»Ich würde mich gern einmal mit Ihnen unterhalten – in einem anderen Rahmen. Ich werde Sie schon zu finden wissen.«

»Ich werde mich bemühen, alles zu tun, damit Sie nicht lange nach mir suchen müssen.«

Nicht ohne Sinn für das rechte Maß, gesellte sich Herr Bastmann einer anderen Gruppe von Gästen zu. Bastmanns Erscheinen ließ sie sofort ernsthaftere Töne anschlagen. Man sprach von den Zukunftsaussichten der westlichen Demokratie und wollte natürlich Herrn Bastmanns Meinung hören.

»Die Aussichten sind grandios«, sagte er. »Unlängst hatte ich einen Unfall. Während mein Wagen in Reparatur war, stellte mir die Versicherungsgesellschaft einen anderen Wagen zur Verfügung. Einen gebrauchten, natürlich. Aber dafür kostenlos.«

»Und worin soll hier der Fortschritt der Demokratie zu sehen sein?«

»Meiner Ansicht nach wäre es von Vorteil, diese Idee logisch zu Ende zu denken. Zum Beispiel Männern für die Zeit, in der ihre Frauen im Krankenhaus liegen, andere Frauen zur Verfügung zu stellen. Gebrauchte, natürlich. Aber dafür kostenlos.«

»Ein interessanter Mensch«, sagte Lotta zu einem außergewöhnlich schönen und modisch gekleideten jungen Mann, der gerade zu ihr trat.

»Ein Russe! Bestimmt ein sowjetischer Agent«, sagte dieser angeekelt.

»Hauptsache, er ist kein amerikanischer«, antwortete

Lotta, ohne ihre Verachtung ihm gegenüber zu verhehlen, und wandte sich einer Gruppe von Frauen zu, die gerade herzlich lachte über das, was Herr Bastmann soeben von sich gegeben hatte.

Einer anderen Gruppe war Bastmanns Anwesenheit gleichfalls nicht entgangen; und auch nicht der Eindruck, den er auf die Dame des Hauses gemacht hatte.

»Offenbar ein gerissener Hund.«

»Beim KGB werden eigens Agenten als Freier für reiche Frauen im Westen geschult. Sogar eine spezielle Sex-Ausbildung kriegen die.«

»Bald wird es im Westen schick sein, einen Sowjetspion zum Mann zu haben.«

»Aber soviel ich sehe, haben wir hier zwar einen Freier, aber keine Braut.«

»Noch keine...«

»Meinen Sie?...«

»Zweifeln Sie etwa daran?...«

»Der Sowjet-James-Bond hat offenbar das Herz der Westschönen erobert.«

»Doch scheint sie ihrerseits sein Herz nicht erobert zu haben.«

»Das ist bloß eine Frage der Zeit. Mit dem Sümmchen im Rücken läßt sich sogar das Herz des KGB-Chefs persönlich erobern.«

»So er eins hat.«

Zu Hause

Hätte Herr Bastmann diese Gespräche hören können, er hätte ihre Teilnehmer für vollendete Idioten gehalten. Ihm war mit seiner derzeitigen Lage voll und ganz gedient. Es wäre der reinste Wahnsinn gewesen, sich in ein riskantes Abenteuer mit diesem von allem, was das Leben zu bieten hatte, übersättigten »Stockfisch« (wie er Frau Ritter insgeheim nannte) stürzen zu wollen, erst recht, solange ihr Mann lebte. Freilich, lange würde der's nicht mehr machen. Ein paar Monate, und der »Stockfisch« wird Witwe sein und überdies Alleinerbin eines gigantischen Vermögens. Nicht zufällig wimmelt es schon jetzt in ihrer Nähe von Männern, die ihr Schäfchen ins Trockene bringen wollen, angefangen bei schönen jungen Playboys bis hin zu hochbetagten und berühmten Schauspielern. Er, Herr Bastmann, wird garantiert niemals zu diesem »erlauchten« Kreis gehören. Außerdem erwartet ihn zu Hause seine blutjunge und überaus anziehende Sekretärin, die außerdem nicht dumm ist. Und verträglich. So wie es aussieht, könnte aus ihr eine gute Ehefrau werden. Wäre sowieso Zeit für ihn, eine Familie zu gründen. Mit diesen Gedanken verließ Herr Bastmann, ehemals Genosse Laptew, das Haus der Ritters auf französisch, das heißt, ohne sich zu verabschieden und bei den Gastgebern für die Gastfreundschaft zu bedanken.

Jutta schlief noch nicht, sie wartete auf ihn. Sie fragte, wie der Empfang gewesen sei, wie die Ritters aussähen und ob irgendwelche Berühmtheiten dagewesen seien. Er sagte, sie sollten heiraten, denn dann könnten sie zusammen auf solche Empfänge gehen. Und alle würden Herrn Bastmann um seine schöne, junge Frau beneiden. Sie sagte, vorläufig ginge das nicht, denn wenn sie heiratete, würde man ihr von heut auf morgen kündigen. Und so eine Stelle zu verlieren wäre schade. Die Arbeit sei nicht schwer und dazu bezahlt. Er sagte, er sei schon jetzt doppelt so alt wie sie, und die Heirat auf die lange Bank schieben sei riskant. Er wäre ihr sicher bald über, und dann würde sie sich einen anderen nehmen. Wenn aber Kinder da seien... Sie sagte, daß sie vorläufig keine Kinder wolle, schließlich sei sie selbst noch ein Kind.

Im Fernsehen lief die Spätausgabe der Tagesschau. Es wurde gemeldet, daß Frankreich vierzig Sowjetbürger ausgewiesen habe, die in Spionageangelegenheiten verwickelt gewesen waren.

»Wie entsetzlich«, sagte Jutta. »Was nun?«

»Nichts Besonderes«, sagte er, »die Sowjetunion wird vierhundert neue Spione nach Frankreich schicken.«

»Ob das bei uns auch so ist?!«

»Noch schlimmer.«

»Die Leute sagen, du seist auch ein Spion.«

»Wäre ich ein Spion, dann wäre ich die rechte Hand des Kanzlers oder zumindest des Verteidigungsministers. Oder wäre mit einer Millionärin verheiratet.«

»Da hast du ja noch Chancen. Es heißt, der alte Ritter macht es nicht mehr lange.«

»Um diesen schrecklichen Zukunftsaussichten zu entgehen, lege ich dir ja Herz und Hand zu Füßen.«

»Ich werde darüber nachdenken. Auf diese Weise werde ich womöglich Sekretärin des Verteidigungsministers und mache dich zum Millionär.«

»In Moskau kursiert dazu ein Witz: eine Frau kann einen Mann nur in einem einzigen Falle zum Millionär machen, nämlich – wenn er Milliardär ist.«

»Keine schlechte Idee.«

Anschließend wurden in den Nachrichten noch einige neueste Einzelheiten über den General gemeldet, dessen homosexuelle Neigungen bekannt geworden waren.

»Kannst du dir vorstellen, einige Kommentatoren wollen in diesem Skandal ›den langen Arm Moskaus‹ sehen«, sagte Jutta.

»Wenn man schon darin irgendwelche Machenschaften Moskaus sehen will, dann muß man nicht nach dem Arm, sondern nach dem Hintern Moskaus suchen«, sagte er aufgebracht.

Operation »Witwe«

Die skandalösen Liebesaffären der Frau Ritter waren eine Zeitlang Thema der Boulevardpresse. Im Westen weiß man, was man von dieser Presse zu halten hat, und so gerieten ihre sensationellen »Enthüllungen« jeweils schon bald in Vergessenheit. Nicht so in Moskau, wo man sie durchaus ernst nahm. Mehr noch, dort rechnete man sich genau aus, wie lange sich der Herr Milliardär wohl noch halten würde. In der Verwaltung West wurde in vollem

Ernst die Frage diskutiert, wie man sich der Herz-Dame und damit des Kapitals der künftigen Witwe bemächtigen könnte. Daß unser Held als Kandidat in Frage käme, kam niemandem in den Sinn, bis man in Moskau Fotos des Herrn Bastmann in Gesellschaft der zukünftigen, später wirklichen Witwe in Händen hielt. Er wurde als der am ehesten in Frage kommende Freier für die Dame befunden. Die Operation erhielt die Code-Bezeichnung »Witwe«. Selbst der KGB-Chef bekundete sein höchst persönliches Interesse an der Operation.

Der für die Rolle des Ehegatten der Witwe Auserkorene indes sträubte sich kategorisch gegen die Order Moskaus mit der Begründung, eine Heirat mit der Witwe würde die Aufmerksamkeit der Spionageabwehr, den Neid der Arbeitskollegen und den Haß der näheren und ferneren Verwandtschaft der Witwe auf sich lenken. Und Moskau sah sich gezwungen, alles daranzusetzen, seinen Befehl durchzusetzen. Der Chef der Sowjetagentur in Westdeutschland erschien in höchst eigener Person zu einem Treffen mit dem für die Witwe ausersehenen sowjetischen Freier, dem Freier von Staatsbedeutung. Diese Tatsache allein war ein schlagender Beweis dafür, welch gewaltige Bedeutung man dieser Operation beimaß: der Chef des sowjetischen Nachrichtendienstes riskierte nämlich damit, persona non grata und somit ausgewiesen zu werden, was sich auf die beginnende Besserung der Beziehungen zwischen der Sowjetunion und Westdeutschland verhängnisvoll ausgewirkt hätte.

Die Begegnung fand wieder im Hause des »alten,

aufrichtigen Freundes der Sowjetunion« statt, wo auch das vorangegangene Treffen unseres Helden mit den Vertretern des professionellen Nachrichtendienstes stattgefunden hatte. Der Chef der sowjetischen Spionageagentur schien nach außen mild und von einschmeichelndem Wesen, war aber in Wirklichkeit hart und konnte scharfe Krallen zeigen. Er betonte, daß die Operation »Witwe« vom KGB-Chef höchst persönlich gutgeheißen sei, daß im Falle eines Erfolges Laptew der Goldene Stern eines Helden der Sowjetunion sowie der Rang eines Obersten, wenn nicht sogar Generals sicher sei. Laptew beharrte darauf, daß eine Ehe mit der Witwe wenig wahrscheinlich sei und wenn überhaupt, dann nur für kurze Zeit. Die Witwe würde sicherlich bald schon von ihm enttäuscht sein und ihn zum Teufel jagen. Und damit hätte er dann alles verloren, was er sich hier in all den langen Jahren erkämpft habe. Der Chef sagte, selbst wenn die Ehe bloß ein halbes Jahr dauern sollte, wäre das bereits völlig ausreichend. In diesem halben Jahr könnte man schon einiges erreichen. Laptews Möglichkeiten seien gewaltig, sie hätten das bis ins kleinste eruiert. Kurz, es ginge nicht darum, den Befehl zu diskutieren, sondern auszuführen. Und darüber nachzudenken, wie die gegebenen Möglichkeiten am besten genutzt werden können.

Die Kanarischen Inseln

Und unser Held ergab sich in sein Schicksal. In der Tiefe seines Herzens hoffte er, daß die Witwe ihn längst vergessen habe und er, Laptew, es irgendwie schaffen werde, aus der Geschichte herauszukommen, ohne den Befehl Moskaus erfüllen zu müssen. Er nahm Urlaub und flog auf die Kanarischen Inseln – so weit wie möglich weg von dem Ort, wo die strategische Sowjetagentenarmee zum Sturm auf die Festung mit dem Code-Wort »Witwe« ansetzte.

Die Kanarischen Inseln wählte Laptew aus der Überlegung heraus, daß er dort am sichersten vor Begegnungen mit ehemaligen Landsleuten sei. Doch hatte er sich damit schwer verrechnet. Seine Strandnachbarn entpuppten sich als Angestellte irgendeines sowjetischen Büros in Las Palmas. Sie waren schon seit dem frühen Morgen am Zuge und ergingen sich in den ausgesuchtesten russischen Flüchen über den ganzen Strand.

Beim Eisstand hörte er, wie der spärlich gefiederte, mit einem Fußkettchen an seinen Käfig gekettete Papagei ihm »Blödmann« auf Russisch nachrief.

Der Souvenirverkäufer, ein Inder, hielt ihn aus Gott weiß was für Gründen auf Anhieb für einen Russen und tat sich mit ein paar Brocken in gräßlich gebrochenem Russisch groß. Bastmann verlor die Beherrschung und schickte ihn »zum...«. Als der Inder diesen wohlbekannten russischen Fluch hörte, strahlte er über das ganze Gesicht und sagte »Karascho, Iwan, karascho«. Nur weg hier, nichts wie weg!

Rückkehr

Als er aus dem Urlaub zurückkam, überraschte er Jutta mit ihrem »Boyfriend« im Bett. Jutta hatte sich um einen Tag verrechnet, eine Folge des schlechten Mathematikunterrichts an den deutschen Schulen. Laptew wollte zunächst wütend werden, beschloß dann aber, daß »was auch immer geschieht, zu unserem Vorteil gereicht«. Das gab ihm freie Hand. Der Boyfriend versuchte sich zwar zu sträuben, doch Laptew mit seinem zweimal mehr Gewicht am Leibe setzte ihn mit einem einzigen Hieb an die Luft. Noch im Davonlaufen schrie ihm der Boyfriend »verfluchter KGB-Agent« nach. Das heiterte Laptew auf, und er verzieh Jutta ihren Fehltritt.

Laptew war aus den Ferien braungebrannt, erholt und verjüngt zurückgekehrt. Auf Anraten Moskaus hatte er den Haarschnitt geändert und sich Bart und Schnurrbart wachsen lassen.

»So siehst du«, sagte Jutta, »sogar imposanter aus als James Bond. Übrigens hat hier ständig eine Dame angerufen, als du weg warst. Spricht Deutsch mit einem gräßlichen tschechischen Akzent.«

Laptew erriet sofort, daß es die ›Ehefrau‹ gewesen sein mußte. Aus dem folgenden Gespräch mit ihr entnahm er, daß er für eigenmächtiges Fernbleiben, das die Operation gefährde, mit einem strengen Verweis zu rechnen habe. Außerdem erhielt er den Befehl, sich einen Smoking anzuschaffen und am nächsten Tag in die Oper zu gehen, wo für ihn an der Abendkasse ein Billett zum Abholen bereitliege. Für Laptew, der durch und durch unmusikalisch war, bedeutete ein Gang in die Oper eine schwere Prüfung. Um so mehr, als er ahnte, in welcher Absicht er dorthin abkommandiert wurde.

In der Pause begegnete er »zufällig« der Witwe. Sie erkannte ihn nicht gleich, um dann nur um so verblüffter zu sein.

Nach der Oper lud sie Laptew zu sich nach Hause ein. Der Offizier, der die Operation leitete und den Gang der Handlung verfolgte, stattete Laptew am nächsten Tag in seinem Büro einen als Geschäftsvisite getarnten Besuch ab und gratulierte ihm zu seinem Erfolg. Laptew machte einen letzten Versuch, die ihm aufgezwungene Rolle loszuwerden, indem er die Operation als Wahnsinn bezeichnete.

»In unserem Jahrhundert«, lachte sein Gegenüber, »führen nur Wahnsinnsideen zum Erfolg.«

Der entscheidende Faktor

Obgleich sich Laptew-Bastmann und Lotta inzwischen so gut wie jeden Tag (oder genauer: jede Nacht) trafen, nahm Lotta sich mit einem Heiratsantrag Zeit. Bonn bestand darauf, daß Laptew den entscheidenden Schritt unternehmen, das heißt selbst den Antrag machen solle. Laptew jedoch hoffte immer noch, irgendwie um eine Ehe mit der Witwe herumzukommen, und zeigte ebenfalls keine Eile. »Eile«, sagte er zu dem Nachrichtendienstoffizier, der die Operation leitete und nun in Laptews ehemaliger Junggesellenwohnung wohnte, »ist nur beim Flöhefangen erforderlich.« Laptew bediente sich inzwischen vorwiegend russischer Sprichwörter, deren Weisheit er erst begriff, seit er im Westen lebte. »Eile mit Weile«, sagte er. »Nur Geduld bringt dich ans Ziel.« Und: »Alles hat seine Zeit.« Der Offizier fluchte als Antwort, was das Zeug hielt, aber nur pro forma. Er machte sich mit Vergnügen über Laptews Bar her und spielte für ihn von Zeit zu Zeit den Ersatzmann in Juttas Bett.

Irgendwann einmal kamen sie auf die erste russische Emigration im Westen zu sprechen. Da kam dem Leiter der Operation »Witwe« plötzlich eine »geniale Idee«.

»Hör mal«, sagte er, »wie steht es eigentlich mit deiner Vergangenheit aus der Zeit vor der Revolution? In Moskau ist es im Augenblick schick, sich als Nachkomme eines Adelsgeschlechts auszugeben. Hast du nicht wenigstens ein kleines Tröpfchen blaues Blut in dir?«

»Meine sämtlichen Vorfahren sind seit Adam und Eva nicht höher hinausgekommen als bis zum Infanteriegefreiten; als solcher ist mein Vater gefallen.«

»Für einen russischen Iwan ist das mehr als ein Fürstentitel. Ich werde in Moskau anfragen. Wenn die meine Idee akzeptieren, kriegst du garantiert »echte« Papiere frei Haus, die dir jede gewünschte Herkunft aus dem Adel bescheinigen. Wenn du willst, machen wir dich zum direkten Nachkommen Iwans des Schrecklichen.«

»Dann schon besser von Dschingis-Khan. Oder noch besser: von Peter dem Großen. Da ist wenigstens ein bißchen was Deutsches mit drin.«

»Glänzende Idee! Mit dem Titel eines Großfürsten wirst du zwar nicht rechnen können. Aber zum Nachkommen irgendeines Ostsee-Barons machen wir dich ohne geringste Schwierigkeiten. Also, Herr Baron von Laptew, trinken wir auf den Erfolg unserer hoffnungslosen Sache, wie es augenblicklich in Moskau heißt.«

Von Laptew

Bald darauf erhielt Laptew Gelegenheit, sich über seine vornehme, im übrigen deutsche Herkunft zu äußern... Er war bei alten »russischen« Aristokraten eingeladen, die kein einziges Wort Russisch mehr sprachen, und Laptew ließ beiläufig fallen, eigentlich entstamme er einem alten Adelsgeschlecht, und zwar von zur Zeit Peters des Großen russifizierten Deutschen, und daß sein Großvater nach der Revolution den Familiennamen geändert habe, um zu überleben, daß sein Vater Anfang des Krieges zu den Deutschen übergelaufen sei, daß man in Moskau Dokumente auftreiben könne, die diese seine Abkunft bestätigten und daß der »Ruf des Blutes« einer der ausschlaggebenden Gründe sei, weshalb er nicht nach Moskau zurückkehren wolle.

Laptews Worte verfehlten nicht ihre überwältigende Wirkung auf Lotta. Ein kleines »von« vor ihrem Namen war ihr heimlicher Traum.

»Jetzt erst kann ich mir erklären«, sagte sie zu Hause zu Laptew, »warum du von Anfang an einen so starken

Eindruck auf mich gemacht hast: irgendwie spürt man deine dir angeborene aristokratische Herkunft. Wenn wir dann heiraten, werde ich mich höchst persönlich um deinen Stammbaum kümmern. Ich werde mich an die sowjetischen Behörden wenden mit der Bitte, mir die Dokumente, die deine Herkunft belegen, zukommen zu lassen. Für ein entsprechendes Entgelt werden die das schon machen.«

»Wäre ich wirklich ein Spion, wären die sicher einverstanden. Aber so – wohl kaum. Aus sowjetischer Sicht bin ich ein Staatsverbrecher. Aber die Dokumente lassen sich auch irgendwie illegal hierherschleusen. Für ein entsprechendes Handgeld ist das durchaus möglich. Hab nur ein wenig Geduld, das werden wir schon schaffen.«

»Wie hießen übrigens deine Vorfahren?«

»Barone von Tusenbach.«

»Großartig! Hannelore kommt um vor Neid, wenn ich Baronin werde.«

»Wer ist diese Hannelore?«

»Eine alte Freundin von mir. Ich stell sie dir einmal vor.«

In dieser Nacht träumte Laptew, der Sowjetbotschafter habe dem Bundeskanzler Dokumente überbracht, denen zufolge Laptew ein direkter Nachkomme Friedrich Barbarossas sei. Der Bundeskanzler sagte dem Markgrafen von Laptew-Barbarossa-Tusenbach, daß Frau Ritter als Ehefrau für ihn jetzt nicht mehr in Frage komme, er vielmehr eine Frau aus dem Geschlecht der Habsburger oder Hohenzollern zu heiraten habe. Von Laptew schrie vor Freude auf und beteuerte, daß er bereit sei, egal welche Frau zu heiraten, sogar Lady Diana oder die selige Fürstin von Monaco, nur nicht diesen »vertrockneten Stockfisch«. Und erwachte.

»Du hast aber einen unruhigen Schlaf«, sagte der »vertrocknete Stockfisch«. »Wir werden natürlich getrennte Schlafzimmer haben.«

›Das mildert mein Los doch ein wenig‹, dachte Laptew. ›Seinem Schicksal kann man nicht entrinnen. Wem in die Wiege gelegt worden ist, erhängt zu werden, wird nicht ertrinken.‹

Historischer Sieg

Zu der Zeit, als in M. die Eheschließung des Herrn Wlad von Laptew-Bastmann-Tusenbach mit Frau Charlotte Ritter gefeiert wurde, feierte man in Moskau den derzeit errungenen Sieg der Sowjetnachrichtenagentur über den historisch dem Untergang geweihten Westen. Viele Mitarbeiter der Verwaltung West kamen für ihre Beteiligung an der Operation in den Genuß außerordentlicher Auszeichnungen, Rangerhöhungen oder eines höheren Postens.

Unserem Helden wurde bloß der Rang eines Majors nebst dem »Orden der Oktoberrevolution« verliehen. Als er davon erfuhr, lachte er sich halb tot und ließ sich anschließend bis zur Besinnungslosigkeit vollaufen. Und in der Tat, wozu diese idiotische Auszeichnung?! Die Erklärung war höchst einfach. Zunächst wollte man ihm den Rang eines Obersten und den Leninorden verleihen. Neidische Kollegen brachten es indessen fertig, die Auszeichnung zu drücken. Sie konnten in diesem Zusammenhang vorbringen, daß Laptew die Operation durch seinen Alleingang auf die Kanarischen Inseln beinahe vereitelt hätte.

Der KGB-Offizier, der die Operation »Witwe« bis zur letzten Minute geleitet hatte, flog nach Moskau zurück – mit zehn Koffern voll Jeans, Lederjacken und Pelzjäckchen, die er auf Laptews Kosten im Ausverkauf billig erstanden hatte.

Moskau maß der neuen gesellschaftlichen Stellung seines Agenten große Bedeutung bei. Im Namen des KGB-Chefs persönlich erhielt er die kategorische Anweisung, sich einer anständigen Lebensweise zu befleißigen und eheliche Treue zu wahren. Aber in diesem Punkt hatte Moskau sich verrechnet. Ein Sowjetagent mag zwar hie und da in der Lage sein, bis zu einem gewissen Grade seinem Vaterland gegenüber die Treue zu halten. Aber gegenüber seiner Frau, dazu noch, wenn sie nicht gerade mehr jung und erst recht nicht besonders anziehend ist?!... Nein! Soll doch der KGB-Chef mit dieser alten Schachtel schlafen! Er, Laptew, hat für seine selbstlose Aufopferung zum Wohle des Vaterlands Besseres verdient.

Und so trat ein, was unser Held gefürchtet und wovor er Moskau gewarnt hatte: er wurde von nun an vom Staatssicherheitsdienst scharf unter die Lupe genommen. Moskau indes zog auch noch aus dieser für Laptew

unangenehmen Lage Nutzen, denn nun war die Spionageabwehr voll und ganz mit ihm beschäftigt, so daß Moskau
ungehindert noch mindestens hundert Amateurspione
und an die zehn Profiagenten nach Deutschland einschleu-
sen konnte.

Auf dem Gipfel der Agentenkarriere

Wlad Bastmann hatte sich sehr schnell an seine neue Lage
gewöhnt. Er zog natürlich zu seiner Frau. Seine alte
Wohnung behielt er aber bei: sie wurde zum Ort seiner
Begegnungen mit Jutta (wenn er an der Reihe war, mit ihr
zu schlafen) und Agentenkollegen. Dank Lottas Beziehungen flossen ihm wertvolle Informationen aus der
Geschäftswelt nicht nur in Strömen zu, sondern stürzten
geradezu gleich Niagarafällen über ihn herein. Moskau
sah sich genötigt, fast seine gesamte Spionageagentur in
dem betreffenden Gebiet Westdeutschlands auf dieses
Material anzusetzen, es zu bearbeiten und nach Moskau
weiterzuleiten. Schließlich wurden im Rahmen des Kulturaustausches mehrere Spezialisten für Westdeutschland
von Moskau nach M. delegiert, um Laptews Tätigkeit auf
eine solide wissenschaftliche Basis zu stellen, wofür sich
seine Junggesellenwohnung wie geschaffen erwies. Sie
wurde gewissermaßen zu einer Filiale des Moskauer
Deutschlandinstituts.

Das Leben in Lottas Haus erschien Laptew anfangs
einfach märchenhaft. Ein riesiges, luxuriös eingerichtetes

Arbeitszimmer. Ein ebenso luxuriöses Schlafzimmer. Ein Swimmingpool. Ein großer Fitneß- und Verjüngungsraum. Ein Tennisplatz. Dienstpersonal. Ein Leben bei voller Kost und Logis, ohne aufs Geld schauen zu müssen. Was braucht man mehr! Doch hatte dieses Paradies auch seine Schattenseiten. Seine Arbeit in der Firma kostete ihn viel Kraft und Zeit. Und nach der Arbeit hieß es entweder im eigenen Hause ganze Horden gefräßiger Gäste zu empfangen oder aber sich mit Lotta auf zahllosen Empfängen herumtreiben. Ihren Wlad herumzureichen und alle möglichen Märchen über ihn zu erzählen wurde zur Hauptbeschäftigung für Lotta. Und es läßt sich nicht leugnen, daß sie dabei großes Talent, Eifer und Leidenschaft entwickelte.

›Nicht mehr lange‹, dachte der völlig erschöpfte Wlad, ›und ich bin für Deutschland die reinste Witzblattfigur. Schluß mit alledem. Aber wie?‹

Den Gedanken, unter dieses ihm aufgezwungene Dasein eines Tages einen Schlußstrich zu setzen, hatte Wlad von Anbeginn seiner neuen Karriere in allem Ernst verfolgt. Mit der ihm eigenen Verbindung von deutscher Pedanterie und russischer Findigkeit begann er, für die »Stunde null« ein schönes Sümmchen Geld in seinem Safe zu Hause, an seiner Arbeitsstelle und in seiner Junggesellenwohnung sowie zahlreichen Konten auf verschiedenen Banken anzuhäufen. So sehr er sich die Interessen der Sowjetunion und der deutschen Firmen angelegen sein ließ, seine eigene Person vergaß er dabei nicht.

›Noch fünf Jahre dieser glücklichen Eheidylle‹, dachte

er, ›und ich habe genügend Geld, um bis ans Ende meiner Tage ein sorgloses Dasein zu fristen. Und dann... Die Welt ist groß, und mit einigem Geschick und Verstand werde ich es schon schaffen, sämtliche Spionagedienste und Spionageabwehrdienste zum Teufel zu jagen. Und leben, wie es mir behagt.‹

Lotta hatte indessen ihre nicht zu leugnenden Qualitäten. Sie war nicht besonders knauserig und nicht sehr nachtragend, vor allem aber belästigte sie ihn nicht sonderlich mit ehelichen Verpflichtungen. Häufig vergaß sie sie überhaupt. Und wenn sie sich daran erinnerte, dann auf so sexuell bürokratische Weise, daß Wlad auch noch die letzte überhaupt noch vorhandene Lust in dieser Richtung verging.

»Liebster«, pflegte sie in solchen Situationen zu sagen, »du bist mir (oder: ich bin dir) so und so viele Orgasmen schuldig. Sei so gut, tilge heute einen Teil deiner Schuld (oder: Heute bin ich bereit, dir einen Teil meiner Schuld zu erstatten).«

Bei ihrer Eheschließung hatte Lotta zwei eiserne Bedingungen gestellt. Erstens, daß Wlad ihre Lebensweise weder kontrollierte noch einengte. Zweitens, daß Wlad nichts von irgendwelcher Tragweite ohne ihr Wissen und ihre Billigung unternahm. Im Rahmen dieser Bedingungen verpflichteten sich die Ehegatten, einander voll und ganz zu vertrauen.

Konflikt mit Moskau

Die »Spezialisten aus Moskau« vergällten Laptew gründlichst das Leben. Sie degradierten seine Rolle auf das niedrigste nur denkbare Niveau eines technischen Mitarbeiters irgendeines mittelmäßigen Instituts der Akademie der Wissenschaften. Sie selbst befaßten sich weniger mit der Bearbeitung der von Laptew gelieferten Informationen als damit, von ihm Geld zu erpressen und alle möglichen Sachen nach Moskau gehen zu lassen, die man dort nicht bekommen konnte oder nur für sehr viel teureres Geld. Laptew verlangte kategorisch, daß man diese »Parasitenbande« aus M. abberufe. Aber Moskau erteilte ihm als Antwort darauf nur einen strengen Verweis und drohte mit härteren Maßnahmen. Daraufhin forderte er eine Sonderkommission aus Moskau an, die sich vor Ort von der Qualität der Moskauer »Fachleute« überzeugen sollte. Zu guter Letzt wurden letztere tatsächlich nach Moskau zurückbeordert. Und Laptew wurde über konspirativ agierende Verbindungsmänner der professionellen Spionageagentur eingegliedert.

Entscheidung

Nach wie vor fühlte sich Laptew in diesem Lande fremd, ganz besonders aber an seinem Arbeitsplatz und zu Hause. In der Firma schätzte man ihn als guten Mitarbeiter. Doch hatte er keinerlei engere menschliche Beziehungen, die zu Jutta ausgenommen. Aber auch die reduzierten sich immer mehr aufs Bett, was Laptew im übrigen gut bezahlte. Zu Hause war Laptew nichts weiter als ein Vergnügungsobjekt der zänkischen Millionärin. Alle Versuche Laptews, Lotta seinem Einfluß zu unterwerfen, scheiterten. Allmählich liefen die Dinge so, daß sie sich *ihm* gegenüber durchsetzte und über ihn wie über einen Besitz verfügte. Laptew fühlte sich nur dort nicht fremd, wo man nicht wußte, wer er war, das heißt unter den vielen ebenso einsamen Menschen wie er, die ohne Arbeit und ein Zuhause von Geldern lebten, an die sie auf Gott weiß was für Wegen gekommen waren. Und auf Grund eigener Erfahrung brachte er das Leben auf die einfache Formel, die so alt war wie die Welt selbst: Geld. Hast du Geld, dann ist die ganze Welt dein Zuhause. Hier verkehrt sich alles Menschliche in das eine Wort: Geld. Für Geld konnte man hier alles haben: Achtung und Ansehen, Liebe, Freundschaft, Fürsorge... Wenn auch keine Aufrichtigkeit dahintersteckte. Aber was war »Aufrichtigkeit«? Alles auf dieser Welt war Illusion, war nichts als die Fassade irgendeiner in Wahrheit nicht existierenden Echtheit. Doch den Leuten war diese Fassade völlig ausreichend. Alle echten menschlichen Gefühle und Beziehungen waren in Moskau geblieben, und Laptew wußte, was sie wert waren. Er hatte inzwischen genügend Jahre im Westen verbracht, um zu begreifen, daß für einen ehemaligen Sowjetmenschen das gut gesicherte Leben im Westen der reale Kommunismus war, in dem der Mensch alles nach seinen Bedürfnissen hatte.

Seine Zukunftsaussichten waren somit klar. Seine Entlarvung als Spion war wenig wahrscheinlich, sogar zwecklos. Davon, daß er an verschiedenen kriminellen Operationen des sowjetischen Nachrichtendienstes beteiligt gewesen war, war nicht die geringste Spur geblieben. Seine derzeitigen Aktivitäten bewegten sich ganz im Rahmen des Gesetzes. Er war inzwischen in der Lage, Versuche Moskaus abzublocken, ihn in ungerechtfertigt riskante Operationen hineinzuziehen. Seine Beziehungen zur professionellen Nachrichtenagentur waren so organisiert, daß keine Spionageabwehr der Welt ihm etwas anhaben konnte. Was also blieb? Lotta würde ihn früher oder später vor die Tür setzen. Eher sogar früher als später. Seine Arbeit in der Firma war inzwischen nur noch entsetzlich langweilige Routine. Im nachhinein erschien ihm seine frühere Arbeit in Moskau, verglichen mit seiner derzeitigen rein formalistischen Kleinkrämerbeschäftigung, als der Gipfel schöpferischen Tuns. Mit der Zeit würde man ihn sowieso rausschmeißen. Er würde eine kümmerliche Rente beziehen. Sich von seiner Luxuswohnung und seinem tollen Wagen trennen müssen. Ein armer, einsamer, von niemandem mehr gebrauchter Rentner wie Millionen hier, – grauenerregender ließ sich die Zukunft gar nicht denken. Nach Moskau zurückgehen? Auch dort hatte er inzwischen alle Wurzeln und Verbindungen verloren. Außerdem erwartete ihn dort ganz genau das gleiche Rentnerlos mit ganz genau der gleichen miesen Rente wie hier und mit genau demselben Alleinsein. Noch auf der KGB-Schule war ihm klargeworden, daß alle Ex-Spione nach ihrer Rückkehr nach Moskau sich dem Suff ergaben und bald schon infolge von Alkohol und Depressionen das Zeitliche segneten. Es gab nur einen Ausweg: Geld, Geld und nochmals Geld! Seine Lage ausnützen, um an so viel Geld wie möglich zu kommen. Geld, das war reale Freiheit und Unabhängigkeit. Alles andere war Unsinn! In diese Gedanken versunken kam Laptew an den Platz, wo der Bettelmusikant saß. Der erkannte ihn schon von weitem und fing sofort an, russische Weisen zu spielen. Laptew grüßte ihn wie einen alten Bekannten und warf ihm zehn Mark in den Hut. Der Musikant unterbrach sein Spiel, stand auf, verbeugte sich und drückte zum Zeichen des Dankes die Hand aufs Herz. Darauf setzte er sein Spiel fort, diesmal mit den »Abendglocken«. Für ihn hatten alle Russen ein und dieselbe Seele (wenn man so sagen darf) – so wie für uns alle Chinesen gleich aussehen. – Geld also. Wenn sich hier schon Bettler im Schweiße ihres Angesichts abrackerten und jeden Pfennig für die »Stunde null« sparten, dann sollte das für dich erst recht eine Grundlage sein, dachte Laptew. ›Vom Pfennigsparen freilich hast du nichts. Aber Tausender, das lohnt sich schon: tausend, zehntausend, hunderttausend Mark. Sich nur nicht mit Kleinigkeiten aufhalten.‹

Wichtiges Gespräch

Eines Tages kam Lotta erst spät nach Mitternacht nach Hause. Wlad schlief noch nicht.

»Wir müssen miteinander reden, Wlad«, sagte sie. »Es ist sehr ernst. Und ich bitte dich, absolut ehrlich zu sein. Du kannst dich drauf verlassen, daß ich dein Freund bin.«

»Glaube ich dir. Also, worum geht es?«

»Alle behaupten steif und fest, du seist in Wirklichkeit ein Sowjetspion.«

»Wenn du mir den geringsten Beweis dafür erbringst, erschieße ich mich, darauf gebe ich dir mein Ehrenwort.«

»Beweise habe ich nicht.«

»Sollten wir nicht einfach alles hinschmeißen, uns in wärmere Länder auf und davon machen und nichts tun, als das Leben genießen?«

»Nein, das ist keine Lösung. Ich kann meine Angelegenheiten und Verpflichtungen nicht einfach hinschmeißen. Kann mir ein Leben ohne sie nicht vorstellen. Auch ohne die Gesellschaft nicht, an die ich von Kindheit an gewöhnt bin.«

»Dann gebe ich eben die Stelle in der Firma auf und führe ein Leben als Privatmann. Spiele Tennis, gehe schwimmen und führe den Hund spazieren.«

»Das ist auch keine Lösung. Ich bin eitel, mein lieber Wlad. Ich will, daß du eine einflußreiche Figur in der Firma wirst. Ich sorge dafür, daß du in den Verwaltungsrat einer Bank... Muß überlegen, was besser wäre. Mit der Zeit jedenfalls schaffe ich es, daß du in den Bundestag kommst.«

»Und angenommen, die Gerüchte bestätigen sich?«

»Dann um so besser. Das wird eine Sensation. Ich werde ein Buch schreiben mit dem Titel ›Mein Leben mit dem größten aller Sowjetspione‹. Das bringt mir mindestens fünfzig Millionen. Und ich gehe in die Geschichte ein.«

»Und wenn sich die Gerüchte nicht bestätigen?«

»Das lasse ich einfach nicht zu. Dann mache ich aus dir den größten Sowjetspion aller Zeiten!«

»Du kannst aus mir machen, was du willst, nur das nicht.«

»Wieso?«

»Große Sowjetspione heiraten keine reichen Frauen.«

»Und Kljausow?«

»Als Spion war er eine Null. Wenn du aus mir einen Spion machst, dann werde ich der dümmste und erbärmlichste Sowjetspion, den es je gegeben hat.«

»Großartig. Damit ist mir auch gedient. Dann heißt mein Buch eben ›Mein Leben mit dem erbärmlichsten Sowjetspion aller Zeiten‹. So ein Buch bringt das Doppelte.«

»Gib mir die Hälfte, und ich schreibe dir das Buch.«

»In der Zeitung steht, daß der sowjetische Nachrichtendienst einen seiner Spione in einem Koffer in die DDR verfrachtet hat. Wie wirst du für den Fall, daß man dich entlarvt, nach Moskau geschickt?«

»Per Brief. Vielleicht sogar per Postkarte. Oder per Telefon.«

»Scherz beiseite. Es ist ausgemacht, daß du in den Verwaltungsrat der Firma kommst. Aber man hat von mir verlangt, daß ich schwöre, daß du kein Spion bist. Kann ich das?«

»Ohne Bedenken.«

»Danke. Dafür darfst du mich heute verführen. In einer halben Stunde.«

Die Meinung der Spionageabwehr

»Als uns bekannt wurde, daß Herr Bastmann (alias Genosse Laptew) leitender Experte und Berater für Geschäftskontakte mit der Sowjetunion geworden war«, sagte Herr Karl, »kam bei uns die Besorgnis auf, daß das KGB besser über den Zustand unserer Wirtschaft informiert sein könnte als unsere eigene Regierung und unsere eigenen Geschäftskreise. Indessen...«

»Indessen?!...«

»Indessen bin ich nicht das erste Jahr bei der Spionageabwehr. Hunderte von Sowjetagenten sind durch meine Hände gegangen. Ich habe mich eingehend mit dem Gesellschaftssystem der Sowjetunion befaßt. Man sollte die Macht dieses Systems und die Macht des sowjetischen Nachrichtendienstes nicht überbewerten. Die Informationen, die über Herrn Bastmann-Laptew nach Moskau gehen, sind ohne Zweifel mehr als reichlich. Aber wissen Sie, wieviel Prozent dieser Informationen in Moskau ernsthaft unter die Lupe genommen werden? Nicht mehr als zehn. Und wieviel von dem gesichteten Material praktisch genutzt wird? Nicht mehr als fünf Prozent.«

»Dennoch sollte man es nicht herunterspielen.«

»Natürlich nicht. Und wir werden auch alles in unserer Macht Liegende tun, um dem einen Riegel vorzuschieben.«

»Und wie?«

»Hauptsächlich dadurch, daß wir nichts tun.«

»Das klingt paradox.«

»Nein. Wir halten uns an das folgende Prinzip: man soll sich die Ereignisse gemäß ihrer natürlichen Gesetzmäßigkeiten entwickeln lassen.«

»Erklären Sie das, bitte.«

»Wenn ein Mensch eine dermaßen steile Karriere macht und es zu so gewaltigen Erfolgen im Leben bringt wie dieser Laptew, werden sich garantiert auch Leute finden, die ihm das Leben sauer machen wollen.«

»Und wenn man nicht warten kann, bis solche Leute auftauchen?«

»Wir sind nicht das KGB. Wir sind auch nicht in der Sowjetunion. Wir haben eine demokratische Gesellschaft. Wir können uns das nicht erlauben.«

»Warum nicht?«

»Dafür gibt es viele Gründe. Abgesehen von wirtschaftlichen Nützlichkeitserwägungen sei noch auf eine gewichtige Ansicht politischen Charakters hingewiesen. Man ist nämlich der Meinung, daß, wenn man der Sowjetunion Lebensmittel, Finessen auf dem Gebiet der Technologie und jede Art wichtiger Informationen aus dem Westen zukommen läßt, wir gleichzeitig die innere, eigene Entwicklung der sowjetischen Wirtschaft, Wissenschaft, Technik und Kultur verhindern und eine allseitige Abhängigkeit der Sowjetunion vom Westen unterstützen.«

»Ist das auch Ihre Meinung?«

»Nur zum Teil. Wir haben es mit dem sowjetischen Nachrichtendienst als solchem zu tun. Und welche Rolle dieser auch immer bei den Berechnungen gewisser Kreise im Westen spielen mag, er demoralisiert den Westen allein schon durch die Tatsache, daß er hier praktisch ungestraft existieren darf. Die Hauptrolle des sowjetischen Nachrichtendienstes bei uns ist schlicht die Tatsache seiner Existenz innerhalb unserer Gesellschaft.«

»Wie meinen Sie, sieht man das in Moskau?«

»Meiner Ansicht nach verfügt das KGB nicht gerade über Dummköpfe, die genau so denken, wenn auch in der Sowjetführung diejenigen überwiegen, die ihre Nachrichtenagentur rein pragmatisch betrachten.«

»Und was ist für den Westen besser?«

»Für den Westen wäre es besser, wenn es überhaupt keine sowjetische Spionageagentur in diesem riesigen Umfang gäbe. Sich Spione völlig vom Halse halten, ist praktisch sowohl von der einen wie von der anderen Seite aus gesehen unmöglich. Was möglich wäre, sind vernünftige Beschränkungen.«

»Wäre es möglich, sich an einen Verhandlungstisch über gegenseitige Spionagebegrenzung zu setzen?«

»Die Sowjetunion wäre dazu sofort bereit. Sie wäre einverstanden, sagen wir mal tausend Sowjetspione aus dem Westen abzuziehen, wenn der Westen auch nur hundert seiner Leute aus der Sowjetunion zurückpfeifen würde. Aber ich fürchte, daß der Westen sich nicht brüsten kann, eine solche Anzahl von Spionen in der UdSSR zu haben.«

»Sind es wirklich nur so wenige?! Aber die Diplomaten!...«

»Spione mit Diplomatenstatus zählen nicht. Eine Spionageagentur wie die, zu der die uns interessierende Person und alle entsprechenden Personen dieser Organisation gehören, hat der Westen doch überhaupt nicht in der Sowjetunion.«

»Warum nicht?«

»Zum ersten, weil dies unter den Bedingungen des kommunistischen Systems gar nicht möglich ist, und zweitens braucht der Westen eine solche Spionageagentur in der Sowjetunion gar nicht.«

»Demnach ist Herr Bastmann ein glänzend bezahlter Experte.«

»Er ist ein vorbildlicher Steuerzahler.«

»Eben das ist verdächtig.«

»Verdächtig, aber vorläufig läßt sich nichts beweisen.«

»Vorläufig?...«

»Möglicherweise vorläufig. Aber vorläufig nur möglicherweise.«

Arbeitsroutine

Um das Ansehen des Herrn Bastmann in der Geschäftswelt zu festigen, beschloß Moskau, einen Teil seiner Aufträge, die ursprünglich an England, Frankreich und Italien hätten gehen sollen, an westdeutsche Firmen zu vergeben und diese Maßnahme als ein Ergebnis der Bemühungen unseres Helden hinzustellen. Auf diese Weise hatte Laptew-Bastmann Gelegenheit, an diversen Verhandlungen mit Vertretern der untereinander konkurrierenden Firmen teilzunehmen und so dies und jenes an Bestechungsgeldern zu kassieren.

Er hätte diese für Moskau so unentbehrliche Devisenquelle am liebsten verheimlicht. Doch war er ganz offensichtlich nicht der erste, der das versuchte. Man forderte von ihm kategorisch, neunzig Prozent der Summe den eigens zu diesem Behufe aus Bonn angereisten KGB-Offizieren auszuhändigen. Er flehte, er brauche dieses Geld für diverse Operationen in verschiedenen Geschäftsangelegenheiten. Man einigte sich auf dreißig Prozent (für ihn). Und man versprach ihm, Moskau von der Zweckdienlichkeit einer Ausweitung solcher Operationen zu überzeugen, da diese Gelder derzeit dringend für die militärische Spionageabwehr, aber auch für die Finanzierung aller Art von Bewegungen, Demonstrationen und Gruppierungen im Westen gebraucht würden, die auf die eine oder andere Weise zum Nutzen der Sowjetunion agierten.

Die Gäste aus Bonn beglückwünschten Laptew beim Abschied zur Erhebung in den Rang eines Obersten und zur Verleihung des Ordens des »Roten Banners der Arbeit«, worauf Laptew nicht umhin konnte zu bemerken, daß das in Anbetracht seiner Verdienste ein bißchen wenig sei. Die Gäste meinten, alles habe seine Zeit und selbst der weltberühmte Abel habe seine Karriere nur als Oberst und mit dem Orden »Rotes Banner« beendet. Genosse Laptew entgegnete, daß Abel eine übertrieben aufgebauschte Figur gewesen sei und daß er, Laptew, als Agent für sein Vaterland schon zehnmal mehr geleistet habe als dieser Nichtstuer Abel. Allein für das Zusammenleben mit »diesem vor Reichtum tollgewordenen ausgetrockneten Stockfisch«, Lotta nämlich, seien ihm pro Jahr soviel wie drei Dienstjahre in Kriegszeiten anzurechnen sowie das dreifache Gehalt auszubezahlen – wie für die Arbeit in einem im höchsten Grade gesundheitsschädlichen Betrieb nämlich. Die Gäste blickten spöttisch auf den vor Gesundheit strotzenden Genossen Laptew und elegant gekleideten Herrn Bastmann und versprachen, für ihn in Moskau täglich eine Flasche Milch wegen seiner gesundheitsschädlichen Arbeit sowie den Orden »Heldin Mutter« für seine Erfolge an der Bettfront zu beschaffen.

Darauf beschloß Laptew-Bastmann, in Zukunft mindestens die Hälfte seiner illegalen Finanzoperationen vor seinen Landsleuten zu verheimlichen. Wenn Moskau in ihm lediglich ein Instrument seiner Aktivitäten im Westen sieht, dann hat er, Laptew-Bastmann, das moralische (!) Recht, Moskau als seinen persönlichen, im übrigen gefährlicheren Feind als die westlichen Geheimdienste zu betrachten.

Lebensroutine

Von seiner Junggesellenwohnung, wo die Begegnung mit den Gästen aus Bonn stattgefunden hatte, begab sich Herr

Bastmann direkt nach Hause. Er war sehr müde und beschloß, früher als gewöhnlich schlafen zu gehen. Aber es sollte ihm nicht vergönnt sein. Lotta hieß ihn, seinen besten Anzug anzuziehen, sich aufs Beste aufzuführen und alle »diese typisch russischen Witze und Anekdoten« aus seinem Gedächtnis hervorzukramen, mit denen er die Leute zu ergötzen pflegte. Diesmal stünde ein Besuch bei einem der größten Magnaten des Landes, beim »Todesfabrikanten«, bevor. Wlad folgerte, daß es sich um irgendeinen Waffenproduzenten handeln müsse und wollte sich vor dem Besuch drücken mit der Begründung, er sei müde und habe Kopfschmerzen. Alles, was mit Waffen zu tun hat, gehört ins Ressort des militärischen Nachrichtendienstes, zu dem für Laptew der Zugang kategorisch verboten war. Sein Ressort war die Wirtschaftsspionage. Und um diesen »Todesfabrikanten« würden sich sicher schon mehrere solcher charmanter Laptews mit genau denselben »typisch russischen« Witzen und Anekdoten scharen. Aber Lotta bestand darauf, daß er mitkam. Sie wollte auf diesem Empfang unbedingt mit ihrem neuen Mann, dem russischen »Taschenspion«, erscheinen.

Beim »Todesfabrikanten«

Als Wlad erfuhr, daß der »Todesfabrikant« nichts mit Waffen zu tun hatte, sondern Chef einer pharmazeutischen Firma war, küßte er Lotta vor Freude und versprach ihr, seine Bettschulden einzulösen. Seine plötzliche Anwandlung erstaunte sie einigermaßen, um so mehr, als sie die Ursache nicht kannte. Aber es war ganz nach ihrem Geschmack. Sie sagte, sie hoffe, daß er die Leute wie immer mit seinem Charme bezaubern werde. Vor allem ginge es darum, auf Hannelore, die Frau des Magnaten, Eindruck zu machen. Sie sei es, der so gut wie das gesamte Kapital gehöre. Der Magnat selber sei praktisch nur ihr Geschäftsführer. Gegen eine kleine Romanze Wlads mit Hannelore habe sie nichts. Sie sei überzeugt, daß man ihn in Moskau für diese Art Erfolge in den Rang eines Generals erheben werde, worauf sie, Lotta, nur stolz sein könne.

Der Empfang beim »Todesfabrikanten« begann, wie sich von selbst versteht, mit einem Konzert. Ein (wem?!) höchst bekannter Musiker und Komponist sprach zunächst in schönen Worten über seine supermoderne atonale Musik, die er anschließend in ihrer Abscheulichkeit zu Gehör brachte. Als das Konzert endlich beendet war und die Gäste in stürmischen Applaus ausbrachen, froh, daß das Konzert endlich zu Ende war, fragte Lotta Wlad, wie es ihm gefallen habe.

»Es gibt Musik«, sagte er, »die man anhören sollte, ohne große Worte darüber zu verlieren, und dann gibt es Musik, über die man interessante Worte verlieren kann, die man sich aber besser gar nicht erst anhört.«

Lotta lachte beifällig, nicht ohne darauf den Musiker mit Komplimenten zu überschütten.

Natürlich kam man auf die sowjetisch-westlichen Beziehungen zu sprechen. Der Hausherr sagte, die kolossale wirtschaftliche und technische Überlegenheit des Westens reiche völlig für einen Sieg über die Sowjetunion. Laptew äußerte, diese Überzeugung sei für den Westen selbstmörderisch. Um dem Westen diese Überzeugung auszutreiben, wäre es von Nutzen, im Westen einmal einen Krieg zu simulieren, ein Kriegsspiel durchzuführen, dem Westen eine in ihren Ausmaßen einer Kriegssituation nahekommende Lektion zu erteilen wie zum Beispiel das Schließen von Banken und Grenzen; allgemeines Parteienverbot, Verbot von Bewegungen und Demonstrationen; Lebensmittelverteilung; Mobilmachung der gesamten erwachsenen Bevölkerung; Schließung der Freizeitzentren sowie Kontrolle der Presse durch das Militär.

»Aber das würde doch auch seine Auswirkungen auf die Sowjetunion haben!«

»Dort ist man daran gewöhnt, ist es die Normalsituation. Außerdem wird im eigentlichen Kriegsfalle ein Sieg auch völlig anders aussehen, als man sich das heute ausmalt.«

»Nämlich wie?«

»Ich hatte einmal Gelegenheit, einem Meisterschaftskampf im Berufsboxen beizuwohnen. Eine der Begegnungen hat mich dabei ganz besonders beeindruckt. Die Gegner waren ganz offensichtlich nicht gleich stark. Der eine der beiden Gegner hat den anderen dermaßen fertiggemacht, daß er, wie es schien, nicht mehr hochkommen würde. Sechsmal ging er zu Boden! Aber der Geschlagene kam trotzdem wieder hoch und setzte den Kampf fort. Und siehe da, in der zwölften Runde geschah das Unerwartete: der Boxer, an dessen Sieg niemand mehr zweifelte, versetzte dem Gegner, der sich kaum noch auf den Beinen halten konnte, den letzten, entscheidenden Schlag. Und sank selber zu Boden, ohne wieder hochzukommen! In einem künftigen Krieg könnte sich die Sowjetunion durchaus in der Lage des schwächeren Boxers, und der Westen in der des stärkeren befinden. Siegen, obschon man eigentlich verloren hat, – daran ist die Sowjetunion bereits im Verlauf ihrer Geschichte gewöhnt.«

»Worin besteht nun aber die geheimnisvolle Quelle, aus der die Sowjetgesellschaft ihre Kraft schöpft?«

»Der Westen wird das schwerlich begreifen, weil es hier nämlich nichts zu begreifen gibt. Die Sowjetunion unterscheidet sich von den Ländern des Westens in der Weise, wie sich ein russischer Straßenköter ohne Stammbaum von einem Rassehund unterscheidet. Der Straßenköter hat keinerlei Chancen, auch nur in irgendeiner Hinsicht, die bei einem Preiswettbewerb ausschlaggebend ist, neben einem Rassehund zu bestehen. Dafür ist er in einer einzigen Hinsicht, die jedoch bei einem Preiswettbewerb keinerlei Rolle spielt, jeder Konkurrenz überlegen, und zwar im Überleben unter schwierigen Bedingungen. Der Unterschied zwischen dem Westen und der Sowjetunion läßt sich auch an Lang- und Kurzstreckenläufern aufzeigen. Die einen trainieren auf Zähigkeit und Ausdauer und die anderen auf kurzfristige Höchstanspannung der Kräfte. Geht es um einen Blitzkrieg, wird der Westen siegen. Aber wenn sich der Krieg hinzieht?...«

Dann kam das Thema auf die Aussichten einer Wiedervereinigung Deutschlands. Alle waren der einhelligen Meinung, daß die Aussichten gleich Null seien. Und blickten erwartungsvoll auf Bastmann.

»Aussichten gibt es schon«, sagte dieser. »Die Sowjetunion könnte Ostdeutschland opfern, aber für einen guten Preis.«

»Und der wäre?«

»Bruch mit den USA. Mit England und Frankreich. Ein starkes und vom Westen unabhängiges Deutschland, aber mit enger Bindung an die Sowjetunion Deutschland. Wobei die Ostdeutschen allerdings keine Vereinigung mit den Westdeutschen riskieren würden.«

»Warum nicht?«

»Weil sie bereits den Kommunismus genossen haben und nicht wieder unterm Kapitalismus leben wollen.«

Der düstere Eindruck, den Laptews Worte hinterlassen hatten, verblaßte ein wenig, als man anfing, über die westliche Demokratie zu reden.

»Der Westen ist ein Paradies für Terroristen«, sagte Laptew, »und dennoch sind die Terroristen unzufrieden und klagen über Mangel an Demokratie. Sie bezeichnen Westdeutschland als einen Polizeistaat, ja sogar ein totalitäres Staatswesen. Würde man diesen Leuten ganz offiziell gestatten, ungestraft einen Staatsrepräsentanten, einen General oder einen Geschäftsmann pro Jahr um die Ecke zu bringen, würden sie darin garantiert einen Anschlag auf die Demokratie erblicken. Bald kommt es noch so weit, daß Terroristen die Rechnungen für die Damenstrümpfe, die sie sich über die Gesichter ziehen, ebenso wie ihre

Ausgaben für die Waffen, die sie verwenden, sammeln, um sie als Berufsspesen von der Steuer absetzen zu können.«

Auf diesen Kommentar Laptews reagierten alle mit einhelligem Lachen. Dann sprach man über die derzeitige Pressesensation: ein hochrangiger Sowjetdiplomat hatte sich entschlossen, im Westen zu bleiben.

»Moskau übt sich offensichtlich in Panik«, sagte der Gastgeber. – »Was für ein gewaltiger Schaden für die Sowjetunion! Dieser Mann wird doch jetzt sämtliche Kremlgeheimnisse auspacken!«

»In Moskau weiß man grundsätzlich nicht, was Panik ist, und schon gar nicht bei solchen Bagatellen«, erwiderte Laptew.

»Sie halten das für eine Bagatelle?«

»Material für antisowjetische Propaganda, nichts weiter. Und die ›Kremlgeheimnisse‹, über die dieser Mann verfügt, sind keinen Pappenstiel wert. Und wenn Gromyko persönlich im Westen bliebe, – auch er wäre außerstande, ›alle Kremlgeheimnisse‹ zu verraten.«

»Wie darf man das verstehen?«

»Im Kreml kennt man seine eigenen Geheimnisse nicht.«

Und wieder lachte alles herzlich über diesen Witz des Russen. Und man kam auf das neue amerikanische Rüstungsprogramm zu sprechen. Eine Dame sagte, die Sowjetunion sei diesbezüglich nicht in der Lage, mit den USA zu konkurrieren, und die Amerikaner würden bald schon die Russen in die Knie zwingen.

»Die Russen werden bald schon über schlagkräftigere Waffen als die Amerikaner verfügen«, bemerkte Laptew.

»Und welche?«

»Meteorologische. Die Russen werden mit Hilfe dieser Waffen in Amerika und Westeuropa sibirischen Frost zaubern, diese Länder in Schnee bis an die Dächer versenken, und dann...«

»Dann werden uns die Russen mit bloßen Händen killen.«

»Mit bloßen Händen wird da nichts zu machen sein«, widersprach Laptew.

»Wieso nicht?«

»Weil es kalt sein wird. Man wird Handschuhe brauchen.«

»Und was würden Sie vorziehen?«

»Ich persönlich ziehe den sonnigen Kapitalismus dem eisigen und schneereichen Kommunismus vor.«

Wieder lachte alles. Lotta blickte triumphierend in die Runde: Da seht nur, was für einen sibirischen Bären ich bezwungen habe!

Als Lotta und Wlad gegangen waren, sprachen die Gäste, die noch geblieben waren, natürlich über sie. Irgend jemand sagte, dieser Bastmann sei sicher ein Sowjetspion. Ein anderer wiederum sagte, das sei völliger Unsinn, denn schließlich sei dieser Bastmann Nachkomme russifizierter deutscher Barone.

»Das ist es also!« rief Hannelore. »Jetzt verstehe ich, warum sich Lotta so an ihn rangemacht hat! Hat sie jetzt Chancen, Baronin zu werden?«

»Durchaus, und ob.«

»Das heißt noch gar nichts«, erwiderte der Gast, der behauptet hatte, Bastmann sei ein Sowjetspion. »Die Urkunden werden ihm natürlich in Moskau eigens angefertigt. Vielleicht bekommt er auch echte, die aber mit ihm gar nichts zu tun haben. Bleibt immer noch nachzuweisen, daß er auch wirklich ein Nachkomme eben dieser Barone ist. Dem echten Nachkommen kann man zu diesem Zweck ganz einfach in den Folterkammern des KGB den Garaus machen.«

»Für die Identifizierung genügen zwei Zeugen, deren Aussage vertrauenswürdig ist.«

»Wenn das KGB Zeugen braucht, lassen sich jederzeit zwanzig davon finden.«

»Das heißt also, die Chance besteht!«

»Na und?!«

»Bei uns gibt es immerhin einige, die für ein ›von‹ vor ihrem Namen bereit wären, Millionen zu zahlen.«

Die Meinung des Herrn Karl

»Was das für Aktivitäten sind, derer sich Herr Bastmann befleißigt, ist uns im großen und ganzen klar. Wir beobachten ihn auf Schritt und Tritt. Und doch haben wir keinerlei Beweise dafür, daß er als Sowjetagent tätig ist. Man hört vielmehr Gerüchte, er sei der Nachkomme irgendwelcher deutscher Barone.«

»Und Sie glauben das?«

»Natürlich nicht. Aber ob wir das glauben oder nicht, spielt keine Rolle. Außerdem ist es eine Sache, einen Spion zu entlarven, der im Alleingang nach klassischem Vorbild agiert, und eine andere, ein ganzes Spionagenetz auszuheben, das für ein Riesenreich einen Agentenkrieg führt. Dafür bedarf es anderer Methoden.«

»Aber dieser Laptew ist doch nun einmal ein Sowjetmensch. Und es kann doch einfach nicht sein, daß er bei seiner Arbeit ›zum Wohle des Vaterlandes‹ sich nicht auch seine persönlichen Interessen angelegen sein läßt. Vielleicht stoßen wir hier auf seine Achillesferse?«

»An diesen Aspekt seiner Aktivitäten wollen wir vorläufig besser nicht rühren. Hier geht es erst einmal um die Interessen einer Vielzahl von Firmen und des ganzen Staates. Abgesehen davon ist er ein höchst vorsichtiger Mensch.«

»Vorsichtige Leute handeln selten unvorsichtig, dafür sind ihre Fehler um so schwerwiegender.«

»Mag sein. Und wenn sich uns die Möglichkeit bietet, ihn unschädlich zu machen, werden wir sie uns nicht entgehen lassen. Aber da gibt es noch einen Aspekt, der sich als überaus wichtig herausstellen kann.«

»Und der wäre?«

»Gar nicht ausgeschlossen, daß er dennoch bloß eine zweitrangige Figur darstellt. Könnte nämlich sein, daß man ihn uns eigens in der Absicht, uns zu desorientieren, untergejubelt hat.«

»Erklären Sie das!«

»Die Sowjetunion stellt besondere Ablenkungstruppen

auf, die im Kriegsfalle in die Gebiete der Länder West-europas eingeschleust werden. Im übrigen stehen wir kurz vor einem solchen Kriegsausbruch.«

»Wer entscheidet eigentlich, wann ein Krieg ausbricht?«

»Das ist nicht unser Problem. Wichtig für uns ist, daß solche Truppen ausgebildet werden. Ihre Aufgabe besteht in der Zerstörung und Desorganisation von Objekten, die für das Land von lebenswichtiger Bedeutung sind, als da sind Flughäfen, Raketenbasen, Häfen, Brücken, Eisenbahnknotenpunkte und was dergleichen mehr ist. Die nichtprofessionelle sowjetische Massenspionageagentur erfüllt natürlich gleichfalls bestimmte Funktionen. Aber es gibt für jegliche Aktivität verbindliche Regeln. Um so mehr in einer so schwerwiegenden Angelegenheit wie einem Agentenkrieg. Die Chefs der sowjetischen Nachrichtenagentur sind nicht so dumm, daß sie sich voll und ganz auf Dilettanten verlassen. Sie bringen bei uns zweifelsohne eine durch und durch konspirativ geführte professionelle Nachrichtenagentur zum Einsatz, ohne die diese Spezialkommandos ein bloßes Nichts darstellen.«

»Wenn nun aber diese Gerüchte über Diversionstruppen eigens in der Absicht verbreitet werden, um die Aufmerksamkeit von der eigentlichen Arbeit der sowjetischen Nachrichtenagentur abzulenken?«

»Das mag zum Teil stimmen. Denn auch das ist ein Charakteristikum des Sowjetsystems: es agiert in allen nur denkbaren Richtungen gleichzeitig und stellt dann das Endresultat als Realisierung des Ausgangsziels dar. Diese

Unbestimmtheit und Formlosigkeit hat ihre Vorzüge. Aber sie hat auch ihre Nachteile.«

»Zum Beispiel?«

»Beispielsweise die Unfähigkeit, ein im vorhinein geplantes Programm entschlossen zu Ende zu führen. Wie häufig kommt es vor, daß die Sowjetführung sich mit halben Entscheidungen und halben Maßnahmen begnügen, auf halbem Wege eine energisch angepackte Sache hinwerfen und vor ihrer eigenen Entschlossenheit kapitulieren muß.«

Vergangenheit

»Ihr Russen brüstet euch immer mit eurer Fähigkeit zur seelischen Anteilnahme«, sagte Lotta. »Und du hast dich die ganze Zeit unseres gemeinsamen Lebens nicht ein einziges Mal an meiner Vergangenheit interessiert gezeigt.«

»Entschuldige, aber das habe ich nicht aus Gleichgültigkeit getan, sondern weil ich fürchtete, unnötig neugierig zu erscheinen und dich zu kränken.«

»Wenn das so ist, nehme ich meine Worte zurück. Willst du nun also etwas über meine Vergangenheit wissen?«

»Wenn es dir Spaß macht...«

»Spaß, offen gesagt, nicht gerade. Aber manchmal hat man das Bedürfnis, jemandem die volle Wahrheit zu sagen.«

»Also erzähl!«

Laptew war bereit, sich alles mögliche anzuhören, nur nicht das, was Lotta zu erzählen hatte. Ihre Kindheit verlebte sie in der Blüte des Naziregimes und des Krieges. Der Vater fiel an der russischen Front. Mutter, Bruder und Schwester kamen bei der Bombardierung Dresdens ums Leben. Eine entfernte Verwandte nahm Lotta zu sich. Als sie zwölf war, wurde sie vom Ehemann der Verwandten, einem Kriegsinvaliden, vergewaltigt. Als die Verwandte erfuhr, daß ihr Mann mit ihr ein Verhältnis hatte, verprügelte sie Lotta und jagte sie aus dem Haus. Dann...

Laptew hörte sich die bittere Geschichte von Lottas Kindheit und Jugend an, und es kamen ihm seine eigenen Kindheits- und Jugendjahre in den Sinn. Er war ganze vier Jahre alt, als sein Vater mit vierundzwanzig Jahren als Infanteriegefreiter vor Moskau fiel. Es folgten Hunger. Evakuierung. Schmutz. Läuse. Die Mutter alterte vorzeitig. Ihre einzige, alles in den Schatten stellende Passion war es, den Sohn gerade und anständig zu erziehen, um ihm eines Tages zu einer »besseren gesellschaftlichen Stellung« zu verhelfen. Sie arbeitete Tag und Nacht, um dem Sohn das Leben wenigstens ein bißchen erträglich zu machen. Als der Sohn auf die Universität kam, war sie überstolz. Sie starb, als er im letzten Semester war. Sie starb an Krebs. Bevor sie starb, sagte sie zu ihm, daß sie stolz auf ihn sei und den Tod nicht fürchte, da sie erreicht habe, was sie wollte: den Sohn auf den rechten Weg geführt zu haben. Was Vater und Mutter wohl gesagt hätten, wenn sie ihn in seiner jetzigen Lage gesehen hätten?!

Lotta war inzwischen an dem Punkt angelangt, wo sie zunächst Sekretärin, dann Geliebte und schließlich Frau des alten Ritter wurde. Sie investierte in Klaus all ihre Kraft, geschäftlichen Fähigkeiten und nicht zuletzt verschwenderischen Gefühle. Einige Jahre war sie einigermaßen glücklich mit ihm. Ihm zuliebe verzichtete sie auf Kinder, was für eine deutsche Frau einiges bedeutet. Doch die letzten Jahre mit Klaus waren sehr schwer für sie. Sie habe viele Dummheiten gemacht. Sei von den Menschen enttäuscht gewesen. Als sie dann Wlad begegnet sei, habe sie wieder Hoffnung geschöpft. Es wäre eine große Kränkung für sie, wenn es auch diesmal wieder zu einer Enttäuschung käme.

»Ich werde alles in meinen Kräften liegende tun, daß es nicht durch meine Schuld dazu kommt«, sagte Wlad, aufrichtig bewegt von Lottas Erzählung und seinen eigenen Erinnerungen.

Kluft

Er konnte dies mit reinem Gewissen sagen. Als Sowjetmensch war er es gewohnt, sein Verhalten vom Standpunkt äußerer, nicht von ihm abhängender Umstände zu begreifen, was ihn von vornherein von jeglichen Schuldgefühlen für alle nur möglichen schmutzigen Gemeinheiten Lotta gegenüber entband. Und was auch immer Lotta Laptew gegenüber tun mochte, unterlag für ihn keinerlei moralischen Wertmaßstäben. Alles hatte seine Ordnung und somit seine volle Berechtigung. Weshalb auch die Nähe zwischen ihnen nur eine illusorische und von kurzer Dauer war.

»Ich weiß, bei euch in Rußland sind solche Gespräche eine ganz gewöhnliche Angelegenheit. Bei uns ist es aber die Ausnahme. Wie kommt das?«

»Das ist Selbstschutz. Bei uns spielt die überbordende Nähe die Rolle, die bei euch die übertriebene Distanziertheit spielt. Bei euch ist es doch so: je weniger man einen Menschen kennt, desto leichter fällt es, ihm etwas Schlechtes anzutun oder ihm Hilfe zu verweigern. Bei uns dagegen gilt: je besser man einen Menschen kennt, desto stärker das Verlangen, ihm etwas Schlechtes anzutun und desto geringer das Bedürfnis, ihm beizustehen.«

»Heißt also, daß wir für eine ideale Beziehung ein bißchen mehr Herzlichkeit meinerseits und ein wenig mehr Distanziertheit deinerseits brauchen.«

Er schwieg. Von seiner Seite konnte und würde es nie, was seine Beziehung zu ihr anbelangte, irgendeine innige Herzlichkeit geben. Zwischen ihnen lag eine unüberwindliche Kluft: sie waren nicht nur Vertreter verschiedenartiger Gesellschaftssysteme, sondern auch aufgrund dieses Systemunterschieds völlig unterschiedliche gesellschaftspsychologische Typen. Herzlichkeit ist – ebenso wie Distanziertheit – eine spezifische Form gesellschaftlichen Verhaltens, die nur zwischen gesellschaftspsychologisch gleichgearteten Individuen möglich ist. Ihr Zusammenleben entsprach dem eines Krokodils und einer Anakonda.

Traurige Konsequenzen

›Nein‹, dachte er, ›sowjetische Freier haben keinerlei Chancen, den Westen zu erobern. Nicht die geringsten! Für unsere Bräute mögen sie ein wenig größer sein. Trotzdem sind sie auch für sie lächerlich gering. Und überhaupt, die Möglichkeiten eines Agentenkrieges werden schlicht übertrieben. Es geht schließlich nicht um Reichtum und Stärke, sondern um Armut und Schwäche, wobei die Spionagetätigkeit nicht auf das hohe Niveau historischer Strategie erhoben, sondern die historische Strategie auf das niedrige Niveau nichtiger Spionagetätigkeit herabgezerrt wird. Es gilt, aus diesem Sumpf irgendwie herauszukommen.‹

Vorgefühl einer Veränderung

Der Tag des KGB-Offiziers Laptew beginnt mit der Durchsicht zahlloser Zeitungen und Zeitschriften. Früher tat er dies, weil er den Worten Andropows glaubte und eine herausragende Figur im Agentenkrieg, der damals noch in den Anfängen steckte, werden wollte. Heute las er sie in der Überzeugung, daß die Sowjetführung zu den Anfängen Andropows zurückkehre.

›Dieser alte Marasmatiker (er meinte Tschernenko) wird bald abkratzen‹, dachte er, ›und dann kommen bestimmt die »Jungen« ans Ruder, das heißt die Anhänger Andropows. Bestimmt wird dann auch unsere Nachrichtenagentur im Westen umorientiert werden. Dann wird meine idiotische Rolle als Verführer reicher alter Tanten und Spekulant in Klosettbecken, Schlafzimmermöbeln und Elixieren, die angeblich das Leben verlängern und die sexuelle Potenz stärken, ein Ende haben.‹

Die Zeitungen und Zeitschriften schnappten im wahrsten Sinne des Wortes über vor Begeisterung über die bevorstehenden Veränderungen im Kreml. Als schließlich klar wurde, daß Andropows Tage gezählt waren, äußerten die westlichen Politiker die Überzeugung, daß sich mit dem Tode Andropows die Möglichkeit für eine Verbesserung der Beziehungen mit Moskau auftun würden.

Nun aber war jedem klar, daß Tschernenkos Tage gezählt waren. Und wieder äußerten dieselben Politiker die Überzeugung, daß sich mit dem Tode Tschernenkos Möglichkeiten für eine Verbesserung der Beziehungen mit Moskau auftun würden. O heilige Einfalt! Schließlich kamen die »Jungen« in Moskau nicht an die Macht, um dem Westen das Leben zu erleichtern! Die »Jungen« würden genau dasselbe machen wie die »Alten«, nur ein bißchen klüger, ein bißchen energischer und ein bißchen effizienter.

Übereinstimmend fiel in den Zeitungen der Name Gorbatschews als Nachfolger für Tschernenko. Man zeigte sich begeistert von seinem »glänzenden« Englisch (er hatte bei seinem Besuch in England ein paar Wörter Englisch gesprochen) und seiner »bezaubernden« Gattin, die ihre Kleider in London und Paris kaufte und mit der American-Express-Karte zahlte. Ob wohl normale

Sowjetbürger davon wußten? Eine dumme Frage. Die Gaunermafia, die sich unter den Fittichen Breschnews breitgemacht hatte, hatte sich damals solche Scherze nicht erlaubt. Wenn auch entsprechende Gerüchte kursierten. Was sollte das Ganze für einen Sinn haben? Nichts als Bagatellen. Er, Laptew, pfiff auf das alles. Hauptsache, dieser neue Mann im Kreml mit seinen paar Brocken Englisch hatte dem KGB Order gegeben, sich wieder mit der Organisation des strategischen Aufklärungsdienstes, wie ihn Andropow geplant hatte, zu befassen. Was aber, wenn dieser Aufklärungsdienst bereits existierte und man ihn, Laptew, nur noch zum Schein hier behielt?!

Im Familienkreis

Zum Frühstück kam er mit Lotta zusammen. Sie sagte, Hannelore habe angerufen und sie gebeten, eine Begegnung mit Wlad zu arrangieren. Sie wolle sich mit ihm unterhalten. Heute abend habe sie, Lotta, eine geschäftliche Besprechung. So daß Wlad also frei sei.

»Eure Gorbatschews sind ja bezaubernd«, sagte Lotta. »Frau Gorbatschew bestellt ihre Kleider in Paris und London. Offenbar ein neues Phänomen im Sowjetdasein.«

»Im Gegenteil, es ist so alt wie die Sowjetmacht«, erwiderte Wlad. »Neu ist daran bloß, daß man sich heute nicht mehr scheut, es publik werden zu lassen.«

»Jedenfalls wird es zu einer Annäherung der Sowjetunion mit dem Westen beitragen, nicht wahr?«

»Es wird eher zur moralischen Zersetzung der Sowjetgesellschaft beitragen.«

»Wieso?«

»Die moralische Zersetzung der Sowjetgesellschaft beginnt oben. Und wenn sie jemand von innen zersetzt, dann sind das diese Damen Gorbatschew mit ihrer Vorliebe und ihrem Appetit auf Westliches und nicht etwa nationale Konflikte oder Bestrebungen, dem religiösen Leben wieder Auftrieb zu geben.«

»Aber Gorbatschew ist doch nach allem, was man so hört, ein seriöser Mensch... Er ist bemüht...«

»...die Kampfkraft des Landes für den Fall eines Krieges zu stärken.«

»Du willst mir bloß Angst machen!«

»Meinst du denn, die Sowjetführung hat vor, das Land zum Vorteil des Westens zu schwächen? Mögen auch Sowjetdamen à la Madame Gorbatschew am Westen als einem Ort, wo man an modische Fetzchen rankommt, interessiert sein, ihre Männer werden alles tun, diesen Westen zu schwächen.«

»Aber diese Gorbatschews sind doch intelligente Leute. Können sogar Englisch.«

»Meinst du wirklich, es sei ein Zeichen von Intelligenz, zum englischen Regierungsoberhaupt ›See you later alligator!‹ zu sagen? Wüßte gar zu gern, ob die Engländer inzwischen statt ›Eiserne Lady‹ ›Eisernes Krokodil‹ sagen...«

»Du urteilst einfach zu hart.«

»Ich kann es mir nicht leisten, mich als ehemaliger

Sowjetmensch in Illusionen zu baden. Übrigens habe ich hier noch ein geschäftliches Angebot für dich. Wenn du dich dafür entscheidest, kannst du mindestens an die zwanzig bis dreißig Prozent Steuern einsparen. Übrigens völlig legal. Nimm und lies. Ich habe schon sämtliche notwendigen Berechnungen angestellt. Die juristische Seite übernimmt mein Rechtsanwalt. Kannst dich mit ihm in dieser Sache in Verbindung setzen. Mit deinem natürlich auch.«

Auf dem Wege zum Ziel

Das Resultat dieser für Lotta außerordentlich vorteilhaften Operation war, daß Herr Bastmann eine hübsche runde Summe in die Tasche steckte, vor allem aber Lotta zwang, den ersten Schritt zu einer Straftat zu tun. ›Noch ein paar solcher Machenschaften‹, dachte er, ›und ich habe dich im Griff, meine Liebe, daß du nicht mehr zu mucken wagst.‹

Lotta hatte Wlads adlige deutsche Herkunft nicht vergessen, während er unter den verschiedensten Vorwänden seine Erhebung in den Adelsstand aufzuschieben wußte. Nun aber beschloß er, daß der Moment gekommen sei, auch aus dieser Angelegenheit seinen Vorteil zu ziehen. Also erschien in Lottas Haus ein Spezialist für Adelsfamilien des ehemaligen russischen Imperiums und bestätigte für ein entsprechendes Honorar Laptews adlige Herkunft. Für die Nachforschungen in sowjetischen Archiven und

die Übersendung der Dokumente nach Deutschland verlangte Laptew eine solche Summe von Lotta, daß es ihr
schlecht wurde. Doch der Wunsch zu erleben, daß Hannelore vor Neid erblaßte, war so groß, daß sie sich
einverstanden erklärte, wenn auch für die Hälfte der
Summe. Laptew war es auch so zufrieden.

Moskau lehnte zunächst ab, die Dokumente zu »besor-
gen«, die Laptews Herkunft »bestätigen« sollten, da es die
Operation »Witwe« für erfolgreich abgeschlossen hielt.
Daraufhin drohte Laptew mit Scheidung. Und Moskau
versprach, die Operation »von Laptew« im Laufe der
nächsten sechs Monate durchzuführen. Laptew schwor
Lotta, sie spätestens in einem Jahr zur Baronin von
Tusenbach zu machen. Vor Freude schenkte sie ihm ein
rundes Sümmchen »als Taschengeld«.

Hannelore

Wlad erklärte sich mit Freuden einverstanden, Hannelore
wiederzusehen. Obgleich sie nicht jünger war als Lotta,
gefiel sie ihm als Frau. Sie hatte etwas, das ihn an russische
Frauen erinnerte. Erstens war sie nicht so mager wie
Lotta. Zweitens spürte man bei ihr eine innere, krankhafte
seelische Überspanntheit, eine unbestimmte Wehmut.
Dieser Zustand einer recht eigentlich gegenstandslosen
Schwermut war etwas, was überhaupt in der Natur der
Russen lag, wie Wlad meinte. Die bekannte russische
Nostalgie ist nichts als die wohlbegründete und konzen-

trierte Bekundung dieses naturgemäßen Zustands. Die so oft zitierte russische Seele ist letztlich nichts weiter als diese unvergängliche Schwermut, die Leben und Wesen des russischen Menschen ganz und gar durchdringt. Im Westen begegnet man dergleichen höchst selten, und wenn, dann nur in sehr abgeschwächter Form. Wie bei Hannelore. Und das ist doppelt angenehm: man spürt ein ganz klein wenig Russisches, ohne dabei die Gefahr zu spüren, die es in Rußland in sich birgt. Ein interessanter Gedanke! Und in der Tat, was fehlt dem Westen? Die innige russische Herzlichkeit, und zwar ohne diese fatalen Folgen, zu denen die Zügellosigkeit eben dieser Herzlichkeit führt.

Zunächst gingen sie in ein Restaurant, Hannelores Lieblingsrestaurant in M. Ein Blick auf die Speisekarte, und Wlad konnte einen kleinen Schrei des Erstaunens nicht unterdrücken: gewöhnliches Wasser kostete hier weit mehr, als der teuerste Wein in einem normalen Restaurant. Hannelore verstand seinen erstaunten Aufschrei: sie hatte Wlad eingeladen und würde selbstverständlich auch zahlen. Der Wein, den sie bestellte, hätte jeden Weinkenner in Begeisterung versetzt. Auf Wlad jedoch machte er wegen seines irren Preises und der Tatsache, daß er aus dem vorigen Jahrhundert stammte, Eindruck. Dennoch überschüttete er Hannelore mit Komplimenten. Er sagte, dies sei der glücklichste Tag seines Lebens: neben einer so aufregenden Frau zu sitzen und einen solchen Wein zu trinken, – danach könne er ruhig sterben.

Sie blieben lange im Restaurant sitzen. Das Gespräch berauschte nicht minder als der alte Wein. Wlad taute völlig auf. Jetzt war ihm klar, warum Weinkenner alte und teure Weine so sehr schätzen: wegen ihrer Eigenschaft zu berauschen. Einen so seligen, paradiesischen Zustand hatte er seit seinen Studentenjahren nicht mehr erlebt. Stimmt, damals waren er und seine Zechgenossen mit billigstem Wodka und erbärmlichem Fraß in diesen Zustand geraten. Hier, im Westen, ließ sich etwas so Selbstmörderisches wie dieser Wodka und dieser Fraß beim besten Willen nicht auftreiben, und schon gar nicht solche Saufkumpane, die schon beim Anblick von Fusel und irgendwelchen jämmerlichen Heringen ihre Seele bis ins Innerste aufkrempeln. Und diese Hannelore da hatte ihm nichtsahnend diese Erinnerung an seine Moskauer Jugendzeit beschert.

Sie verbrachten die Nacht in Laptews Junggesellenwohnung. Beim Abschied nannte ihn Hannelore wie zum Scherz »Herr Baron«. Aber er tat so, als nehme er diese Titulierung ernst. Auch Hannelore hatte sie ernst gemeint.

»Du gefällst mir«, sagte sie. »Nach und nach werde ich dich Lotta ausspannen; sie ist deiner nicht würdig.«

Radikaler Bruch

Hannelore hatte auf Wlad einen wohltuenden Einfluß. Er faßte den festen Entschluß, sich einer gesunden und moralischen Lebensweise zu befleißigen. Ersteres hieß, daß er aufhören wollte zu trinken, sich verstärkt sportlich zu betätigen, regelmässig zur Massage und in die Sauna zu gehen, kurz – das Leben eines Millionärs zu leben, der sich um seine Gesundheit und sein Äußeres bemüht zeigt. Punkt zwei hieß, daß er seine Begegnungen mit Jutta und anderen Mädchen dieser Sorte reduzieren und zufälligen Begegnungen auf seinen Reisen durch Deutschland (zum Glück wurden sie immer seltener) aus dem Wege gehen und seine Nächte nur noch zwischen Lotta und Hannelore teilen wollte. Sollte sich Lotta widerspenstig zeigen, konnte er sie zum Teufel jagen und sich allein auf Hannelore konzentrieren. Wenngleich sich dabei keinerlei Perspektiven in Richtung Ehe abzeichneten (Gott sei Dank!), hätte sich Wlads Lebensstandard wegen eines Bruchs mit Lotta kaum verschlechtert. Doch würde er, Laptew, keinerlei Initiative in dieser Richtung entwickeln. Er würde sich vielmehr, wenn Moskau ihn nicht zu irgendwelchen Aktivitäten zwang, streng an die Regel halten: keinerlei Initiative ohne besondere Notwendigkeit. Die Entwicklung der Ereignisse sich selbst überlassen, es sei denn, es drohten ihm selbst unangenehme Konsequenzen. Das ist für Sowjetmenschen überhaupt charakteristisch: ernsthaften Entscheidungen aus dem Wege gehen. War doch auch die Entscheidung, daß Laptew Spion werden sollte, nicht seine Entscheidung, sondern die des KGB gewesen.

In seiner Tätigkeit als Agent hatte Laptew ebenfalls den Entschluß gefaßt, seine Operationen auf eine kleine Anzahl bedeutender und in jeder Hinsicht todsicherer Schritte zu reduzieren. Nur Vorsicht und eine fehlerfreie Kalkulation, – und er würde gegen jeden Spionagedienst oder Spionageabwehrdienst gefeit sein. Wird das ein Spaß, wenn er wirklich in den Bundestag kommt, wie es Lotta sich erträumt! Zu diesem Zweck müßte man allerdings irgendeiner Partei beitreten. Aber darum soll sich gefälligst Lotta kümmern. Er ist bereit, egal welcher Partei beizutreten, wenn es nur nicht die kommunistische ist. Er hatte es fertiggebracht, in der Sowjetunion, ohne Parteimitglied zu sein, in einer Geheiminstitution des KGB zu arbeiten. Und sich nun im Westen in den Reihen der Kommunisten zu finden, wäre für ihn die größte Schande. ›Man hält Sowjetleute im Westen alle für Kommunisten‹, dachte er. ›Aber man nenne mir nur einen einzigen Sowjetemigranten, der hier der kommunistischen Partei beigetreten wäre!‹

Provokation

Wie du den Strick auch windest, ein Ende hat er doch, heißt ein altes russisches Sprichwort.

Eines Tages bekam Lotta ein Päckchen ohne Absender. In dem Paket waren Fotos von Wlad und Jutta. Auf den Fotos hatte er noch keinen Bart. Das heißt, daß die Aufnahmen noch vor ihrer Verheiratung gemacht worden waren. Aber Lotta faßte allein die Tatsache, daß man ihr diese Fotos zugesandt hatte, als einen Hinweis darauf auf, daß die Beziehung zwischen Wlad und Jutta fortdauerte. Und Wut und beißende Eifersucht übermannte sie. Zunächst hatte sie vor, offen mit Wlad darüber zu sprechen, wie es unter gebildeten Leuten zu erwarten gewesen wäre. Aber dann dachte sie daran, daß Wlad ein Russe sei, das heißt ein a priori unehrliches und schon gar nicht gebildetes Wesen. Und die Eifersucht packte sie mit der Macht eines Othello, aber nicht etwa auf Jutta, sondern – auf Hannelore.

›Dir werd ich's zeigen‹, beschloß sie, nahm das Telefonbuch und schlug die Seiten auf, auf denen die Privatdetektive und Detektivbüros verzeichnet waren.

Beim Durchlesen von Zeitungen

Der nichtsahnende Wlad trank zu dieser Zeit seinen Kaffee im Bett und schaute die Zeitungen durch. Die Nacht hatte er in Gesellschaft Hannelores verbracht und war erst gegen Morgen nach Hause gekommen. Schlafen wollte er nicht. Trotzdem hatte er sich ausgezogen und ins Bett gelegt, um nicht unnötig Lottas Eifersucht zu wekken. Denn daß Lotta bereits leichte Eifersuchtsanwandlungen gegenüber Hannelore zeigte, war ihm nicht entgangen. Es galt, einige Vorsicht an den Tag zu legen. Wozu schlafende Hunde wecken?!

In all den Jahren, die Laptew inzwischen im Westen lebte, hatte er völlig vergessen, an Rußland zu denken, aber die Westzeitungen hörten noch immer nicht auf, ihn in pures Erstaunen zu versetzen. So begann jeder Tag für ihn mit Kopfschütteln. Was für eine Welt?! Alles hatte den Verstand verloren! Man nehme nur diese Weltsensationsmeldung: Ein japanischer Student in den USA hatte ein Mädchen umgebracht, weil es nicht mit ihm schlafen wollte, hatte sie zerstückelt, die Fleischstücke im Eisschrank verstaut und im Laufe von zwei Wochen verspeist. Das Gericht erklärte ihn für unschuldig, da er zum Zeitpunkt der Tat nicht voll zurechnungsfähig gewesen sei. Das war Demokratie! Und die zwei Wochen danach? Gleichfalls keine Straftat. Der Student sei, wie sich herausgestellt habe, ein aus Protest gegen irgend etwas überzeugter Kannibale. Und in freiheitlich demokratischen Verhältnissen habe jeder das Recht, für seine Überzeugung einzutreten. Nur: wenn schon, dann hätte das Gericht konsequenterweise dem Kannibalen noch ein Mädchen zum Verspeisen zur Verfügung stellen sollen. Andernfalls nämlich stand die Demokratie als inkonsequent da.

Und hier: Fotos von Überbleibseln der Arche Noah, von amerikanischen Archäologen entdeckt. Den Fotos nach zu urteilen, war die Arche winzig. Höchstens eine Katze und ein paar Wanzen hätten sich darin vor der Sintflut retten können. Völlig unbegreiflich, wie es dieser Noah fertiggebracht haben sollte, in diesem Kahn eine ganze Tierfarm unterzubringen?!

Noch eine Sensation, diesmal eine lokale. Ein achtundsiebzig Jahre alter Rentner hatte ein sechzehnjähriges Mädchen überfahren. Wie sich herausstellte, war der Rentner auf einem Auge blind, und das andere Auge hatte nur noch zwanzig Prozent Sehkraft. Das Gericht entzog dem Rentner für drei Jahre den Führerschein, weil er bei Rot über die Ampel gefahren war. In drei Jahren also würde dieser Rentner seinen Führerschein zurückerhalten. Bis dahin dürfte er bereits auf beiden Augen blind sein. Wer weiß, wieviele Menschen er dann noch überfuhr und für wie lange man ihm die Fahrerlaubnis dafür entzog, daß er mit seinem Auto auf dem Bürgersteig herumkurvte?

Da hatte man also den Stoff entdeckt, von dem der Alterungsprozeß des menschlichen Organismus abhing. Man stelle sich vor, was in Moskau los war, wenn die alten Marasmatiker im Politbüro davon erfuhren! Sämtliche Kräfte des sowjetischen Spionagedienstes würden dann dafür eingesetzt werden, diesen Stoff für die Sowjetoberen aufzutreiben. Sie würden ihn löffelweise verschlingen und an die hundert Jahre leben. Und sei es als Misthaufen, nur leben! Ein Alptraum!

Das Foto eines Soldaten, der aus Protest gegen die Langeweile beim Militär seine Kaserne angezündet hatte. Die Handlungsweise des gelangweilten Soldaten wurde für entschuldbar erklärt, weil er die brennende Kaserne nicht verlassen, sondern sich schlafen gelegt hatte. Auf dem anderen Foto ein Musiker, der aus Protest gegen die Konzertbedingungen in den Flügel gepinkelt und den teuren Bösendorfer beschädigt hatte. Ein bekannter Chemiker hatte erklärt, es sei unmöglich, das wertvolle Instrument zu reparieren, da Urin einen Stoff enthalte, der die Saiten zersetze.

Eine Meldung über einen Sexomanen, der bereits mehr als dreißig Frauen umgebracht hatte, aber nicht zu fassen war. Leserbriefe, die sich über die Unfähigkeit der Polizei erregten, den Verbrecher einzufangen. Die Leser zeigten sich besonders darüber entrüstet, daß der Mörder seine Opfer einfach erwürgt hatte, ohne sie vorher zu vergewaltigen. Warum, so fragte man sich, erwürgt er sie dann?!

Plötzliche Wende

Nachdem er seinen gewohnten Bedarf an Gift- und Gallespucken über die »westliche Idiotie« befriedigt hatte, verwandelte sich Genosse Laptew in den respektablen Herrn Bastmann und fuhr in seinem luxuriösen Porsche zur Arbeit.

In Lottas Arbeitszimmer erschien der Privatdetektiv. Ihre Wut hatte sich inzwischen gelegt, und an Stelle der Eifersucht war Spott getreten. Überhaupt war die ganze Sache keinen Pfifferling wert. Außerdem war es ja möglich, daß irgendwelche Freundinnen ihr diese Fotos zugeschickt hatten, aus Neid, daß sie einen so ungewöhnlichen Mann hatte. Dieser Hannelore wäre das durchaus zuzutrauen gewesen, damit sie ihr Wlad ausspannen konnte. Das würde es sein. Und Lotta würde ihr das nie verzeihen. Und sie beauftragte den Detektiv, kompromittierendes Material über Wlad und damit auch Hannelore zusammenzutragen. Und dann würde sie den beiden eine »Dolce vita« bescheren! Natürlich würde sie Wlad verzeihen, denn er gefiel ihr trotz allem. Solche Männer waren dieser Tage rar. Außerdem war sie ja eigentlich schuld an der ganzen Geschichte, schließlich war sie es gewesen, die Wlad mit Hannelore zusammengebracht und ihm eine kleine Romanze mit ihr gestattet hatte. Sie hatte ja nicht wissen können, daß es so weit kommen würde. Eine Gelegenheit, endlich wieder einmal die Sache mit Wlads Adelsnamen und Baronentitel aufs Tapet zu bringen und voranzutreiben. Dann würde sich schon zeigen, wie mit ihm umzuspringen war.

Der wahre Feind

Der Detektiv begann, unseren Helden zu beschatten und wandte seine Aufmerksamkeit auf Bastmanns seltsame Verhandlungen mit Vertretern zahlreicher verschiedener Firmen. Hätte der Detektiv gewußt, was sich hinter diesen sonderbaren Unterredungen verbarg, hätte er stehenden Fußes die Augen davor verschlossen und sich auf den Nachweis banaler ehelicher Untreue beschränkt. Aber er kam mit sich überein, daß es sich hier um große, wenn auch gewöhnliche Finanzaffären handeln müsse, die zu der Zeit ständig Gegenstand sensationeller Berichte in der Presse darstellten. Er war überzeugt, daß sich ihm hier eine unwiderrufliche Chance bot, sein Schäfchen ins Trockene zu bringen, und konnte dieser Versuchung nicht widerstehen. Er legte Lottas wie auch alle anderen Aufträge vorübergehend ad acta und widmete sich voll und ganz dem Sammeln von Material über die (aus seiner Sicht) ungesetzlichen Machenschaften des Herrn Bastmann.

›Das riecht nach Hunderten von Millionen‹, dachte er, ›und ein paar kleine Zehnmilliönchen dürften da kein großer Verlust für diese großkotzigen Gauner sein.‹

Noch war kein Monat um, und der Detektiv hatte ein umfangreiches Dossier über unseren Helden beisammen. Wäre das eine Sensation, wenn er das an die Zeitungen schickte!... Aber... Schon nach einer Woche wäre die Sensation vergessen, und er, der Detektiv, wäre auf ewige Zeiten vom Erdboden verschluckt, ohne auch nur einen Pfennig für seine Arbeit zu bekommen. Nein, so dumm war er nicht, sich mit der Presse einzulassen. Man sollte einige Kopien anfertigen lassen, diese in Sicherheit bringen und eine davon an Bastmann schicken. Zehn Millionen waren vielleicht ein bißchen viel. Aber fünf, das wäre eine reelle Summe. Fünf, und keinen Pfennig weniger. Aber wie an diese Millionen kommen, ohne daß etwas schieflief? Darüber würde er sich den Kopf zerbrechen, während Bastmann diese Millionen auftrieb. Schließlich schafften es diese Kidnapper von Milliardärskindern auch irgendwie, an ihr Lösegeld zu kommen, ohne in die Fänge der Polizei zu geraten. Er als Detektiv war auch nicht dümmer als die. Zumal sich Herr Bastmann kaum an die Polizei um Hilfe wenden würde.

Erpressung

Es versprach, ein sonniger, fröhlicher Tag zu werden. Herr Bastmann sprang munter aus dem Bett, machte seine übliche Morgengymnastik, nahm eine Dusche, trank seine Tasse Kaffee und begab sich in sein Arbeitszimmer. Auf seinem Schreibtisch lag ein dickes Eilpaket, an ihn persönlich adressiert. Von wem konnte das sein? Der Absender war nicht angegeben. Mit seiner miserablen Stimme und jeden Ton daneben trällerte er irgendeine Arie vor sich hin und öffnete das Paket. Sein Gesicht wurde länger und abwechselnd weiß, blau und grün. Seine Augen weiteten sich vor barem Entsetzen. Sein Unterkiefer mit dem eleganten Bart fiel herunter. Er blätterte nochmals den Inhalt des Paketes durch. Traute seinen Augen nicht. Wer konnte das gemacht haben? Seine Freunde von der Spionageabwehr? Kaum, das sah nicht nach ihnen aus. Das konnte ihnen niemand erlaubt haben. Aber wer dann? Wer!?

Erpressung ist eine typisch westliche Erscheinung und Sowjetmenschen nur vom Hörensagen und aus der Literatur bekannt. Nicht etwa deshalb, weil Sowjetmenschen besser wären als Westler – das sind sie keineswegs, – sondern weil Erpressung unter sowjetischen Bedingungen praktisch sinnlos ist, und zwar aus den verschiedensten Gründen, als da sind: Schwierigkeiten, das Material für eine Erpressung aufzutreiben, Schwierigkeiten, an das Geld zu kommen und die Schwierigkeit, das Geld überhaupt auszugeben. Einzelfälle von Erpressung, die unter

Kriminellen vorkommen, gelangen nicht in die Presse, weil sie ihr ganz einfach vorenthalten werden. Gewöhnliche Sowjetbürger machen das ganz anders, sei es mit Denunziationen an das KGB, anonymen Briefen an die Parteiorgane oder öffentlichen Beschuldigungen auf Versammlungen. Sowjetmenschen versuchen, allein schon dadurch, daß sie ihrem Nächsten Schaden zufügen, Nutzen für sich herauszuschinden.

Erst einmal Opfer der Erpressung geworden, geriet der Sowjetmensch Laptew in Panik. Und seine erste vernünftige Reaktion war natürlich der Wunsch nach einem Glas – wie sich von selbst versteht – Wodka. Die alte russische Regel ›Ohne einen halben Liter (Wodka nämlich) kommst du nicht klar‹, gedacht für alle schwierigen Situationen, hatte für den russischen Menschen auch in der Emigration ihre Gültigkeit nicht verloren.

»Nur ruhig bleiben, Genosse Laptew«, sagte er zu sich und leerte erst einmal die halbe Flasche, »immer ruhig! Der Unternehmer Bastmann mag in Panik geraten, nicht aber der Offizier der sowjetischen Nachrichtenagentur Laptew.«

Das Telefon ging. Eine unbekannte männliche Stimme. Laptew ahnte: Das war er.

»Haben Sie sich schon mit dem Material, das ich Ihnen zugeschickt habe, vertraut gemacht?«

»Ja.«

»Und was sagen Sie dazu?«

»Was sind Ihre Forderungen?«

»Fünf.«

»Allein kann ich eine so wichtige Frage nicht entscheiden. Ich brauche Zeit.«

»Gut. Ich gebe Ihnen eine Frist von einer Woche. Eine Woche ist mehr als genug. Ich rufe Sie in einer Woche zur selben Zeit an.«

Alarm

Der Krieg war also erklärt. Die Gegner: der allmächtige sowjetische Geheimdienst, fähig, ein ganzes Land profimäßig zu erpressen, auf der einen Seite, und ein einzelner Amateur in Sachen Erpressung auf der anderen Seite. Wer packte hier wen?

Wenn das Ganze von der Spionageabwehr ausging, war Laptew in der Lage, sich aus eigener Kraft aus der Affäre zu ziehen. Der Feind war aber nicht der Staatssicherheitsdienst, der mit Händen und Füßen an die geltenden Gesetze gebunden war, die über die demokratischen Rechte jeder Art von Verbrechern wachten, sondern ein Mensch, der die Demokratie zu nutzen wußte, um sich sein Opfer gefügig zu machen. Mit einem Gegner dieser Sorte hatte der sowjetische Nachrichtendienst noch keine Erfahrung und verfügte noch über keine Kampfmittel gegen ihn. Und zum ersten Mal in all den langen Jahren, die er inzwischen im Westen lebte, kam Laptew die Abschiedsbegegnung mit dem Herrn des Westens wieder in den Sinn. »In besonders wichtigen Fällen«, hatte damals der Herr des Westens gesagt, solle er, Laptew, sich direkt mit ihm persönlich in Verbindung setzen. Diesen Verbindungskanal könne Laptew nur ein einziges Mal benutzen. So daß also die Situation in der Tat außergewöhnlich sein müsse. Und diese Situation war für Laptew eingetreten.

Laptew beruhigte sich ein wenig, zog sich an und verließ das Haus. Lotta würde bis zum Mittag schlafen. In die Firma mußte er heute nicht: es war Samstag. An der nächsten Telefonzelle hielt Laptew. Klar und deutlich kamen ihm Pariser Telefonnummer, Parole und Gegenparole sowie das Alarmsignal an die allerhöchste Stelle in den Sinn.

Das Alarmzeichen war durchgegeben. Schon in einer Stunde würde er den KGB-Chef persönlich erreichen und ebenso schnell würde ein Beschluß gefaßt werden. Das Sowjetsystem, das sich normalerweise an das Prinzip »langsam aber sicher« hielt, konnte in gewissen kritischen Situationen mit der Schnelligkeit einer Kobra reagieren.

Erster Tag

Nach Hause zurück wollte er nicht. Zu Hause, das hieß: dieser verfluchte Aktenstoß im Safe und dazu noch die schlafende Alte, die womöglich von ihm verlangte, bei ihr seine Schuld von fünf Orgasmen einzulösen. Das hätte ihm jetzt gerade noch gefehlt! Da nun aber mal das Alarmsignal durchgegeben war, mußte er zu Hause am Telefon sitzen und auf Anweisungen warten.

›Wir können uns hier alles leisten, solange wir uns unter

der Schirmherrschaft der westlichen Demokratie bewegen‹, dachte er. ›Und da kommt ein einzelner Mensch daher und schickt diese ganze Demokratie zum Teufel. Ein einziger einzelner Mensch! Und wir geraten in Panik. Und wenn es erst einmal ernsthaft nach Krieg riechen sollte, ist es mit der ganzen Demokratie hier in zwei Tagen vorbei. Ich kann mir vorstellen, wie die jetzt in Moskau toben! Was wohl unsere sowjetischen Genossen sagen? Erwarte nur keine Gnade von deinen eigenen Leuten, das ist schließlich nicht die westliche Spionageabwehr! Die werden mich garantiert zum Sündenbock machen. Ich habe sie aber schließlich auf diese Möglichkeit hingewiesen!!

Er mußte gar nicht so lange warten, wie er gedacht hatte. Schon nach einer Stunde erhielt er den Befehl, sich unverzüglich mit dem Material des Erpressers an einem bestimmten Ort einzufinden.

Er traf sich mit dem Kurier aus Bonn auf der Autobahn. Er überholte langsam den Wagen des Kuriers und warf ihm während des Überholmanövers die Mappe mit dem Material des Erpressers durch die geöffnete Wagenscheibe.

›Jetzt‹, dachte Laptew auf dem Nachhauseweg ›werden aus Moskau eiligst Experten nach Bonn angeflogen kommen, um das Material des Erpressers unter die Lupe zu nehmen, das Maß der Gefahr zu bestimmen und Gegenmaßnahmen auszuarbeiten. Von der vom Erpresser geforderten Geldsumme wird in keiner Weise die Rede sein. Es geht nicht um Geld, – für unsere Partner ist das eine

Bagatelle. Es geht ums Prinzip. Der sowjetische Nachrichtendienst, der selber alle Welt erpreßt, kann Erpressung, die ihn trifft, nicht dulden. Und hauptsächlich ist für die deutschen Firmen, wenn sie von der Erpressung Wind bekommen, die Zuverlässigkeit der Sowjetunion als Handelspartner in Frage gestellt.‹

Zu Hause brachte sich Bastmann in Ordnung, schwamm seine halbe Stunde im Swimmingpool und begab sich ins Eßzimmer, wo Lotta ihn bereits erwartete, in der üblichen glänzenden Form, in der ihn zu sehen Lotta nun gewohnt war. Den Privatdetektiv, den sie engagiert hatte, um ihren untreuen Gatten zu beschatten, hatte sie bereits vergessen. Sie teilte Wlad mit, daß sie nach Bayreuth zu den Wagner-Festspielen fahren würden, um sich den ›Tristan‹ anzusehen. Wlad mimte freudige und dankbare Überraschung, aber bei sich dachte er: zum Kuckuck mit diesem Bayreuth samt seinem Wagner! Wenn die Sowjetarmee in Deutschland einmarschiert, wird man gleich nach den Geschlechtswörtern erst einmal diesen Wagner verbieten müssen.

In der Oper

In der Oper saß neben Wlad eine Alte, der man ihrem Aussehen nach gut und gern hundertfünfzig Jahre gegeben hätte. Die Alte war von oben bis unten mit Juwelen behängt. Wlad kam der Gedanke, wenn er »diese Hexe« zusammenschlagen (was sich machen ließ, wenn man ihr auf dem Weg zur Toilette auflauerte) und ihr sämtliche Juwelen abnehmen würde, ihm damit zehn Jahre sorgloses Dasein vergönnt wären. Die Alte schlief während der ganzen Oper. Manchmal schnarchte sie, wobei sie einen feinen Pfeifton von sich gab. In der Pause machte Wlad diesbezüglich eine Bemerkung, Lotta sagte, daß sie diese »alte Hexe« schon seit zwanzig Jahren jedesmal hier sehe. Die Alte sei völlig taub. Ließe aber keine einzige Vorstellung aus. Leide an Schlaflosigkeit. Schlafe nur gut bei Wagner. Wlad fragte, wie sie denn, wenn sie völlig taub sei, Wagners Musik von anderer unterscheiden könne. Lotta sagte, offenbar anhand der Plakate oder des Programms. Oder anhand des Publikums.

Während die taube Alte schnarchte, war Laptew hellwach. In seinem Kopf bohrte nur immer ein und derselbe Gedanke: sich eine solche Erfahrung an praktischer Arbeit, ein solches Wissen und solche Kenntnisse dieses Landes anzueignen, einen so vorteilhaften Posten zu bekleiden, sich beinahe der Vollendung einer der grandiosesten Spionageoperationen in der Geschichte genähert zu haben – und das alles wegen irgendeines erbärmlichen Wurmes verlieren?!... In Moskau würde man bestimmt ihm die ganze Schuld in die Schuhe schieben.

›Aber wer ist dieser Wurm? Denk nach, Laptew, denk nach! Sonst hast du ausgespielt – sowohl als gebildeter Sowjetmensch als auch als Agent und Mann. Laß uns der Reihe nach, von Anfang an, noch einmal alles durchgehen. Bestimmt ist es irgendwer aus dem Dunstkreis dieser Hure (er meinte Lotta) oder einer meiner Kollegen. Oder jemand, den sie auf diesen Gedanken gebracht haben. Auch nicht ausgeschlossen, daß es ein Schachzug meiner Freunde von der Spionageabwehr ist.‹

Laptew hörte weder das Poltern der Musik noch das nicht enden wollende Klagegeschrei des sterbenden Tristan. Er dachte angestrengt nach – wie übrigens noch nie in seinem bisherigen Leben. Tristan gab zu guter Letzt seinen Geist auf. Einige Zeit darauf folgte ihm Isolde, und der Saal erdröhnte (darob?) vor begeistertem Applaus. Laptew kam zu sich, blickte sich befremdet um und sah Lotta, vor Ergriffenheit schluchzend.

»Geschieht dir ganz recht, Tölpel du!« sagte er laut.

Aber niemand achtete auf seine Worte.

Sie übernachteten im teuersten Hotel am Platze, in den ›Vier Jahreszeiten‹. Am nächsten Morgen erblickte Wlad beim Frühstück die taube Alte und uralte Wagnerverehrerin. Die Alte aß zum Frühstück irgendwelche Körner und trank dazu einen Schluck Milch.

»Phänomenal«, sagte Laptew zu Lotta, »eine solche Summe Geld zu zahlen, um sich in einem teuren Hotel mit Schlaflosigkeit abzuplagen und für einen Groschen Essen zu verzehren!«

»Sie weiß nicht, wohin mit dem Geld. Sie vertut es, damit sie möglichst wenig hinterläßt.«

Besprechung in Bonn

In Erwartung der Experten aus Moskau machte in der Sowjetbotschaft in Bonn in dieser Nacht niemand ein Auge zu.

»Wir müssen den Erpresser finden, koste es, was es wolle.«

»Und was wird aus Bastmann? Ein so erstklassiger Agent und eine so vorteilhafte Stellung! Es wäre ein Jammer, ihn zu verlieren.«

»Wenn wir den Erpresser nicht unschädlich machen, werden wir nicht umhinkönnen, Bastmann zu opfern.«

»Du meinst, wir finden den Erpresser?«

»Kaum.«

»Aber was kann er schon machen? Könnte man nicht auf ihn pfeifen?«

»Ein gewisses Risiko ist schon dabei. Wenn irgend etwas davon rauskäme, wird man mit uns in Moskau nicht gerade sanft umspringen.«

»Und wenn wir den Erpresser nicht finden, was dann?...«

»Letztlich ist Bastmann ein Nichtrückkehrer, ein Abtrünniger. Das heißt, ein amoralischer Mensch, der zu allem fähig ist. Wo sind die Beweise, daß er als Agent für uns gearbeitet hat? Kann ja auch sein, er hat diese Machenschaften auf eigene Verantwortung und eigenes Risiko inszeniert, für sich höchst persönlich?«

»Oder im Auftrag des CIA, um uns zu kompromittieren.«

»Kein schlechter Gedanke: Man sollte sich das gründlich und reiflich duch den Kopf gehen lassen. Damit auch wirklich niemand auch nur die geringsten Zweifel hegt, daß das Ganze ein Werk der Amerikaner ist.«

»Bastmann muß sich selber dazu bekennen.«

»Versteht sich.«

»Man muß ihn unbedingt beschatten. Damit er nicht abhaut.«

»Soll sich doch der Sicherheitsdienst darum kümmern.«

»Und wenn nun doch diese fünf Millionen gezahlt werden müssen?«

»Wer soll sie zahlen?«

»Doch nicht wir: das soll Bastmanns Sorge sein.«

»Und wer garantiert dir, daß die Sache damit erledigt ist? – Gar nicht ausgeschlossen, daß ein neuer Erpresser auftaucht. Wehret den Anfängen!«

Am nächsten Morgen trafen die Experten aus Moskau ein. Eine Stunde reichte ihnen, um das Material in Augenschein zu nehmen. Wenn das Material an die Presse gelangte, so urteilten sie, würde dem Land ein ernsthafter Schaden zugefügt, insbesonders bezüglich der Perspektiven einer Festigung der sowjetisch-deutschen Handelsbeziehungen. Wenig wahrscheinlich, daß der Erpresser dieses Risiko einging. Und dennoch, eine gewisse Gefahr bestand. In der kurzen Zeit, die zur Verfügung stand, würde es kaum möglich sein, den Erpresser ausfindig zu machen. Doch selbst wenn es gelingen sollte, ihn unschädlich zu machen, war damit das Auftauchen eines zweiten Erpressers noch längst nicht ausgeschlossen. Und da nun mal der Herr Bastmann ins Zentrum der Aufmerksamkeit der Spionageabwehr (es wäre naiv gewesen, ihre Beteiligung an dieser Geschichte zu leugnen) und ungesunder Passionen von Neidern geraten war, durfte man seine Rolle als ausgespielt betrachten und sich genötigt sehen, ihn zu opfern. Um so mehr, als das Ziel der Operation »Witwe« bereits erreicht war. Eine grundlegende Umstrukturierung des gesamten Spionagenetzes stand ohnehin bevor. Und dann war die Position des Herrn Bastmann sowieso nicht mehr so wichtig.

Die Experten brachten aus Moskau Dokumente mit, wonach Herr Bastmann sich noch in Moskau als Agent an den CIA verdingt hatte. So daß für den Fall, daß das Material des Erpressers an die Öffentlichkeit drang, Bastmann als Abenteurer und CIA-Agent dastand. Es schien nicht unnütz, dies durch ein persönliches Geständnis des Herrn Bastmann zu untermauern. Und überhaupt, es käme höchst gelegen, wenn Herr Bastmann von der Bildfläche verschwände. Man sollte sich Gedanken darüber machen, wie das am besten zu bewerkstelligen sei. Der Staatssicherheitsdienst würde dem kaum im Wege stehen.

Nach dem Mittagessen flogen die Experten nach Moskau zurück. Die Durchführung der Operation »Erpresser« hatten sie dem Chef des sowjetischen Nachrichtendienstes in Deutschland persönlich überantwortet.

Zweiter Tag

Am Sonntag war Wlad angeblich krank. Lotta fuhr zu irgendeiner Freundin. Wlad blieb allein zu Hause, um Lottas Schlaf- und Arbeitszimmer genauer in Augenschein zu nehmen: womöglich fand sich dort irgendeine Spur des Erpressers.

Die Überprüfung des Schlafraums ergab nichts. Im Arbeitszimmer jedoch hatte er Glück: Lotta hatte in ihrer Zerstreutheit vergessen, die Fotos mit Laptew und Jutta im Safe verschwinden zu lassen. Es waren alte Fotos, noch aus der Zeit vor seiner Bekanntschaft mit Lotta. Aber was sollten sie hier? Offensichtlich Lotta zu einem Schritt veranlassen, der ihm, Laptew, schaden sollte. Es war nicht schwer zu erraten, was das für ein Schritt sein sollte, – das war hier eine ganz normale Sache. Laptew hatte schon längst etwas dergleichen erwartet. Was er indessen nicht erwartet hatte, war, daß er zum Objekt dieser ungeheuerlichen Erpressung werden würde.

Ungefähr schien also klar, wo der Erpresser zu suchen war. Schade, heute war Sonntag. Ganze vierundzwanzig Stunden würden vergehen, bis er irgend etwas unternehmen konnte.

Mehrmals versuchte er, sich mit der Gruppe in Verbindung zu setzen, die damit beschäftigt war, den Erpresser ausfindig zu machen, aber ohne Erfolg: wieder dieser verfluchte Sonntag! Die führten vielleicht ein Leben! Spione, die sonntags nicht arbeiteten!

Er verließ das Haus und ging auf den Platz mit dem

Bettelmusikanten. Sie kamen ins Gespräch. Wie sich herausstellte, hatte der Musikant, als er in russischer Kriegsgefangenschaft war, seine russischen Lieder gelernt. Er meinte, das russische Volk sei sehr gut, nur die Regierung sei schlecht und daß das Volk bald die Regierung stürzen werde und die Russen dann in Freiheit leben würden. Laptew wollte ihn nicht enttäuschen und gab ihm zwanzig Mark. Der Musikant sagte, eine solche Summe habe er, seit er hier arbeite, zum ersten Mal bekommen.

›Und zum letzten Mal‹, dachte Laptew. ›Erstaunlich, er hält Betteln für Arbeit! Ich wüßte gern, wieviele Dienstjahre er als Bettler hat und was ihn dazu bewogen hat, diese Arbeit zu wählen?‹

In der Nacht konnte Laptew nicht schlafen. Er untersuchte genauestens alle seine Schränke und Schubladen und warf alles in den Müll, was auch nur im entferntesten mit seiner Agententätigkeit in Verbindung gebracht werden konnte. Sämtliche Notizbücher und Briefe vernichtete er ebenso wie fragwürdige Fotos. Anschließend fuhr er in seine Junggesellenwohnung, wo er ebenfalls alles, was irgendwie hätte Verdacht erregen können, beseitigte. Zunächst wollte er hier bleiben, besann sich aber dann doch eines anderen. Unruhe hatte sich seiner bemächtigt und trieb ihn von einem Ort zum anderen. Egal wohin, nur woandershin. Er rief Hannelore an. Der automatische Anrufbeantworter teilte ihm mit, sie sei weggefahren und erst in einer Woche wieder zurück. Und Laptew strich sie auf der Stelle aus seinem Bewußtsein.

Er fuhr an einem Nachtclub vorbei, erinnerte sich der

»Bordellvariante« seiner Flucht und beschloß, hier die Nacht zu verbringen.

›Wenn schon zugrunde gehen, dann mit Musik‹, sagte er sich, unterzog den Inhalt seiner Taschen einer flüchtigen Kontrolle, die sichtlich befriedigend ausfiel.

Dritter Tag

Am Montag hatte er den ganzen Vormittag viel zu tun, so daß er erst nach dem Mittagessen dazu kam, für eine Stunde ein Detektivbüro aufzusuchen, das, soweit sich dies dem Telefonbuch entnehmen ließ, äußerst solide zu sein schien.

Er habe erfahren, teilte Laptew dem Direktor des Büros mit, daß seine Frau einen Privatdetektiv engagiert habe. Er wisse freilich nicht, wer dieser Detektiv sei. Er benötige daher selber die Dienste eines Detektivs. Und natürlich wünsche er nicht, daß dies derselbe Detektiv sei, den seine Frau engagiert habe. Wobei natürlich ein solcher Zufall unwahrscheinlich, aber immerhin denkbar sei. Und er wolle selbstverständlich solches auf jeden Fall vermeiden. Er benötige also für fünf Tage die Dienste eines erfahrenen Detektivs, der den genannten Bedingungen entspreche. Seine Aufgabe bestünde darin, innerhalb von fünf Tagen herauszufinden, wer der Privatdetektiv sei, den seine Frau beauftragt habe und wo er sich befinde.

Anschließend flog Herr Bastmann nach Frankfurt: dort war vor einem Monat ein wichtiges Geschäftstreffen anberaumt worden. Das Treffen dauerte bis spät in die Nacht, so daß er sich gezwungen sah, in einem Hotel in Frankfurt zu übernachten. Und erst in der Nacht bekam er endlich Verbindung mit der Gruppe, die mit der Suche nach dem Erpresser beauftragt war. Die Maßnahmen, die Laptew ergriffen hatte, wurden gutgeheißen. Man sicherte ihm Hilfe zu. Laptew äußerte die Meinung, daß man den Erpresser nach einer in der Logik als »Rest-Methode« bekannten Methode suchen müsse: der Erpresser halte sich höchst wahrscheinlich irgendwo versteckt, das heißt, man müsse ihn unter den Privatdetektiven suchen, die zur Zeit durch Abwesenheit glänzten. Da es in M. so viele Privatdetektive nicht gebe, könne die Suche vielleicht schon in zwei, drei Tagen erfolgreich abgeschlossen sein.

Vierter Tag

Am Dienstag rief ihn ein unbekannter Mann im Büro an. Er stellte sich als Professor soundso vor. Seine Dienstnummer habe ihm Lotta gegeben.

»Sie kennen mich nicht«, sagte der ›Professor‹. »Ich komme soeben aus Moskau. Wir haben dort gemeinsame Bekannte. Sie haben mir für Sie etwas mitgegeben. Wo und wann können wir uns treffen?«

Sie verabredeten sich vor einem Kino unweit von Laptews Büro. Er hatte noch genügend Zeit bis dahin, und Laptew beschloß, auf dem Umweg über den Platz mit dem Bettelmusikanten zum Kino zu gehen. Der erkannte ihn, wie die letzten Male auch schon, von weitem und begann, »Abende bei Moskau« zu spielen. Er hatte inzwischen Fortschritte gemacht und spielte geradezu fehlerlos.

Laptew merkte sofort, daß der ›Professor‹ beschattet wurde. Worauf ließ das schließen? Fahrlässigkeit? Das hätte sich Moskau kaum geleistet. Also absichtlich? Aber warum? Offensichtlich hatte man beschlossen, ihn zu opfern. Gesindel, das! Aber so dumm war er nicht, sich so billig abhängen zu lassen.

Der ›Professor‹ überreichte Laptew ein Päckchen, erzählte allen möglichen Blödsinn über das Leben in Moskau, erstickte fast vor Lachen, als er den inzwischen aller Welt bekannten Witz vom Fünfjahresplan und den vier Grabmälern erzählte, und machte Laptew darauf aufmerksam, daß irgendein Bettelmusikant hier russische Lieder dudele.

Nach Arbeitsschluß fuhr Laptew in seine Junggesellenwohnung, ganz offen und betont ungetarnt von einem Wagen des Staatssicherheitsdienstes gefolgt. Das Paket enthielt nichts als billige Souvenirs, die Laptew sogleich in den Mülleimer warf.

Der Privatdetektiv rief an. Er hatte herausbekommen, wer der von Lotta beauftragte Detektiv war. Dieser Mann sei gegenwärtig nicht in M. Er habe für zwei Wochen Urlaub genommen, und wo er sich aufhalte, sei nicht bekannt. Laptew versprach zweitausend Mark zusätzlich, wenn er herausfände, wo sich Lottas Detektiv aufhielte. Er gab ihm noch den Rat, beim Reisebüro seiner Spur nachzugehen.

›Was soll's‹, dachte Laptew, und wurde ruhiger. ›Für Geld ist hier alles möglich.‹ Unser Nachrichtendienst ist riesig, aber arm, und das ist sein Haupthandikap im Westen. An Stelle der Amerikaner würde ich einfach alle kaufen, einschließlich der Diplomaten. Andererseits wozu? Was sollen sie mit diesem Dreck anfangen? Eins, zwei zu Sensations-, Propaganda- oder zu Rechenschaftszwecken. Aber Tausende!... Ihr Preis würde dann sowieso sehr schnell runtergehen und sie zu verschachern nichts mehr bringen.

Fünfter Tag

Am Mittwoch vormittag rief der Privatdetektiv an. Er sagte, er sei dem gesuchten Mann auf der Spur, brauche aber Geld, um... Laptew fragte, wieviel, und machte mit ihm einen Treffpunkt aus. Auf dem Weg in die Firma übergab er ihm das Geld. Ihm war klar, daß der Detektiv anfing, ihn ganz einfach skrupellos auszunehmen, war demgegenüber aber machtlos. Immerhin brachte ihn die ganze Geschichte darauf, an sein Geld zu denken. Er müßte alles, was er hatte, von der Bank abheben, aus den Safes nehmen und irgendwo verstecken. Den ganzen Tag war er nur damit beschäftigt. Er war zufrieden, als er sah, was er hatte: wenn er bescheiden lebte, würde die Summe mindestens fünf Jahre reichen. Und in der Zeit würden sich schon noch andere Existenzquellen auftun. Das Geld versteckte er in seinem »alten« Wagen. Das Versteck war sicher. So sicher, daß er es hinterher selbst kaum mehr fand, was ihn sehr amüsierte.

Am Abend packte er alle seine Sachen, die irgendwie von Wert waren, zusammen und schleppte die Koffer ebenfalls in seinen »alten« Wagen. Dann kam wieder ein Anruf des Privatdetektivs. Er teilte ihm mit, daß der Laptew interessierende Mann ein Flugbillett für die Kanarischen Inseln (was für ein Zufall!) nebst Halbpension im Hotel ›Lugano‹ gebucht habe. Laptew bat, ihm den Mann genauer zu beschreiben. Dann setzte er sich mit der Gruppe in Verbindung, die mit der Operation »Erpresser« beauftragt war, und erstattete über alles, was er in Erfahrung gebracht hatte, Meldung.

›Es wäre interessant zu wissen‹, dachte er, ›ob sie selber auf die Kanarischen Inseln fliegen oder unseren Agenten dort, vor Ort (ausgeschlossen, daß sie nicht auch dort sind) Order geben, alles was in solchen Fällen zu tun ist, zu unternehmen: mit welchen Mitteln auch immer den Erpresser dahin zu bringen zu verraten, wo er das »Material« versteckt hält, sämtliche Kopien dieses »Materials« zu vernichten und ihn dann selbst aus dem Weg zu räumen. Was alles mit dem schönen Wort »neutralisieren« bezeichnet wird.‹

In dieser Nacht beschloß Lotta, ihm eine »Schuld« rückzuerstatten. Danach begab er sich, unter dem Vorwand, nicht schlafen zu können, in sein Arbeitszimmer, um »noch ein wenig zu arbeiten«.

»Einen Bericht über die deutsche Kriegsindustrie schreiben?« witzelte sie.

»Das gehört nicht in mein Ressort«, witzelte er zurück.

»Und was ist dein Ressort?«

»Wir schließen gerade einen höchst vorteilhaften Vertrag mit Moskau ab – über die Lieferung modernster Klosettbecken und Bidets für die Mitglieder des ZK der KPdSU. Für Moskau ist das wichtiger als Panzer und Kanonen der deutschen Industrie. Panzer und Kanonen können die in der Sowjetunion genauso gut wie die Deutschen produzieren. Aber Klos, Bidets, Spülsteine, Badewannen und Wasserhähne, das können sie nicht.«

»Du bist mir ein Schlauberger. Also gut, hast dann noch eine ›Schuld‹ bei mir gut.«

Noch nie hatte Laptew einen solchen Haß gegen Frauen empfunden wie in diesem Augenblick.

Sechster Tag

Der ganze Donnerstag ging mit der Abfertigung einer Sowjetdelegation drauf, die Riesenmengen an Stühlen für den Sitzungssaal im Kreml sowie an Schlafzimmergarnituren in Auftrag gab. Am Abend fand ein Bankett zu Ehren der Sowjetgäste statt. Die Gäste tranken, daß einem Hören und Sehen verging. Auch Laptew hatte, trotz seiner kolossalen Erfahrung und Fähigkeiten auf dem Gebiet des Alkoholkonsums, ziemlich einen in der Krone. Auf der Toilette stellten ihn Agenten der Gruppe, die versuchen sollten, den Erpresser ausfindig zu machen, zur Rede. Sie sagten, daß es auf den Kanarischen Inseln nirgends einen Mann gebe, der seiner Beschreibung entspreche. Er sagte, offenbar sei der Erpresser kein Dummkopf und habe die Flugkarte für die Kanarischen Inseln bestellt, um womögliche Verfolger irrezuführen, während er sich irgendwo in M. oder Umgebung versteckt halte.

In der Nacht rief ihn der Privatdetektiv an und bestätigte seine Vermutung. Innerhalb des noch verbleibenden Tages herauszufinden, wo sich besagter Mann aufhielt, war kaum noch drin. Wenn man sein Foto im Fernsehen brächte... Aber das hieße, seine Angehörigen über die Polizei verständigen, daß er verschwunden sei. Und das war völlig ausgeschlossen.

Wieder verging der ganze Tag mit Gesprächen, die mit den Sowjetvertretern zu führen waren, und mit dem Unterzeichnen aller möglichen Papiere. Darauf rief die ›Ehefrau‹ an und gab ihm zu verstehen, daß er in seine Junggesellenwohnung fahren und auf Gäste warten solle.

In der Junggesellenwohnung

In seiner Junggesellenwohnung angekommen, trank Laptew alles aus, was ihm unter die Finger kam, und verfluchte Lotta in den unflätigsten Tönen. Was für eine dämliche Pute sie war! Völlig klar, daß sie jemand zum besten gehalten hatte – wie Jago Othello. Nur steckte bei Lotta im Unterschied zu Othello keinerlei Leidenschaft dahinter, sondern nur ein erbärmlich kleinliches Besitzerinnenbewußtsein. Er, Laptew, war ihr Besitz, ihr Spielzeug, ihr Wundertier, mit dem sie sich vor anderen brüsten konnte. Angenommen, sie bekam die Bestätigung, daß er Ehebruch begangen hatte? Na und, was soll's? War sie ihm denn etwa treu gewesen? Gott sei Dank, nein. Er war froh, daß sie es nicht gewesen war. Und was jetzt? Wenn sie ihm, Laptew, den Laufpaß geben oder noch Schlimmeres verpassen wollte, würde sie nur zur Zielscheibe allgemeinen Spottes werden. Und erst recht kein Buch schreiben. Erstens konnte sie gar nicht schreiben. Zweitens hatte sie überhaupt nichts zu schreiben. Sie verfügte nicht und würde nie über irgendwelche Fakten seiner Spionagetätigkeit verfügen. Das einzige, was ihr dann vorlag, waren Fakten über seine Betrügereien.

Und in diesem Falle würde sie durch das Gerede genauso zu einer Betrügerin. Allerdings unter den schützenden Fittichen der Ritterschen Milliardenerbschaft... Überhaupt, woher stammten eigentlich diese Milliarden?... Was sich daraus für eine propagandistische Kampagne machen ließe!

Moskauer Gäste

Bei dieser Vorstellung begann Laptew zu frösteln. Wenn er schon auf solche Gedanken kam – in Moskau saßen schließlich auch keine Idioten. Auch sie konnten auf diese Gedanken kommen. Und gewissermaßen als Antwort auf diese gräßliche Vorstellung klingelte es an der Tür. Durch das »Guckloch« sah Laptew die zwei Männer, auf deren

Besuch ihn die ›Ehefrau‹ vorbereitet hatte. Unterwürfig öffnete er ihnen die Tür. Einer der Gäste blieb im Wohnzimmer, während der andere mit Laptew in dessen Arbeitszimmer ging und von ihm forderte zu schreiben, was er ihm diktiere.

Er diktierte Laptew, daß er, Laptew, sich schon in Moskau als CIA-Agent habe verdingen lassen, daß seine Aufgabe im Westen darin bestanden habe, indem er scheinbar als Sowjetagent agiert habe, der Sowjetunion Schaden zuzufügen und daß er dieses Geständnis ablege, weil er vom Westen zutiefst enttäuscht sei und beabsichtige, zumindest in einem gewissen Maße seine Schuld gegenüber dem Vaterland zu büßen. Laptew unterschrieb sein »Bekenntnis«. Der Mensch las das Geschriebene durch, nickte befriedigt mit dem Kopf, steckte das Ganze erst in ein Kuvert und dann in die Tasche.

»Was weiter?« fragte Laptew.

»Kommt auf die Umstände an«, antwortete der Gast und zuckte mit den Schultern. Ohne Genehmigung dürfe er M. unter keinen Umständen verlassen! »Verstanden?«

»Verstanden.«

»Eine Pistole hast du?«

»Nein. Ich habe keine Verwendung dafür.«

»Hier nimm, für alle Fälle. Vielleicht brauchst du sie noch.«

Der Gast legte die Pistole auf den Tisch. Laptew schaute sie schief von der Seite her an. Es lief ihm kalt den Rücken hinunter.

Grußlos verließen die Gäste Laptews Wohnung.

Laptew beschloß, die Pistole auf keinen Fall auch nur anzurühren. Er war schließlich nicht irgendein James Bond, sondern ein Staatsfreier. Und obendrein wußte er mit diesem »Ding« gar nicht umzugehen.

Theorie und Praxis der Flucht

In der KGB-Schule hatten sie über die Technik der Flucht vor der Spionageabwehr, vor Polizei und Verfolgern jeder Art alles in allem nur ein paar Vorlesungen gehört, und auch die nur im Rahmen der »Allgemeinbildung eines Agenten«. Denn bei einem Nachrichtendienst wie dem, für den sie künftig arbeiten sollten, wurde so etwas wie Flucht von niemandem und in keiner Weise verlangt. Es sei noch kein einziger Fall vorgekommen, in dem Agenten dieser Spionageart gezwungen gewesen seien, sich durch Flucht zu retten. Der Dozent, der die Vorlesung hielt, sagte, »sich aus dem Staube zu machen« sei aus drei Gründen nicht erforderlich: erstens gäbe es nichts und niemanden, vor dem man Reißaus nehmen müsse, zweitens keinen Ort, wohin man sich flüchten könne und drittens lohne es sich nicht. Sollte aber dennoch das Wunder geschehen, daß man gezwungen sei, »sich aus dem Staube zu machen«, dann sei die erste Bedingung für eine erfolgreiche Flucht, alles, aber auch alles zu vergessen, was sie sich aus Büchern angelesen und in Kinos gesehen hätten. Nichts von Schießereien. Nichts von Karate. Nichts von Verfolgungsjagden mit dem Auto auf den Hinterrädern. Das Äußerste, was überhaupt in Frage käme, wäre: den Bart abrasieren oder einen wachsen lassen, die Kleider wechseln und durchs Fenster ins Freie klettern. Und dann erzählte ihnen der Dozent eine wahre Geschichte hierzu, die als klassisches Musterbeispiel in die Lehrbücher der »Spionologie« eingegangen war:

»Als sie bewußte Information genauer in Augenschein nahmen, die über diverse Kanäle nach Moskau gelangt war«, sagte der Dozent, »konstatierten die Moskauer Experten, daß in Westdeutschland eine technische Einrichtung erfunden worden sein mußte, die es ermöglichte, die Steuerung der Interkontinentalraketen wesentlich zu vereinfachen und zu vervollkommnen. Unser Spionagedienst erhielt den Auftrag, die technischen Daten dieser Einrichtung in Erfahrung zu bringen oder besser: das Gerät selbst herbeizuschaffen. Diese Order erging sowohl an den militärischen wie an den wirtschaftlichen Spionagedienst. Ein geschlagenes Jahr brauchten beide Spionagegruppen, um zu klären, wo das Gerät eigentlich erfunden worden war. Dann verging noch einmal ein Jahr, bis man überhaupt an das Gerät herankam. Hunderte von Leuten, die direkt oder indirekt an der Erfindung beteiligt waren, wurden gründlichst unter die Lupe genommen. Schließlich fand sich jemand, der sich für eine vergleichsweise bescheidene Summe dafür hergab, die ganzen technischen Unterlagen dieser Erfindung dem sowjetischen Nachrichtendienst zu verkaufen, und zwar an den militärischen und ohne, daß der technische Nachrichtendienst davon in Kenntnis gesetzt worden wäre. Man hatte beschlossen, daß es aus vielerlei Gründen zweckmäßiger sei, wenn der technische Nachrichtendienst in dieser Richtung weiterarbeite, weil dadurch die Sicherheit doppelt garantiert sowie Desinformationen vermieden würden und die Aufmerksamkeit auf diesen gelenkt werde, falls die Spionageabwehr dahinterkam. Bald darauf trieb der technische Spionagedienst jemanden auf, der sich bereit fand, die in Frage stehende Einrichtung selbst an ihn zu verschachern. Für gutes Geld, versteht sich. Wie sich herausstellte, war das genau derselbe Typ, der sich dafür hergegeben hatte, die Pläne der Einrichtung an den militärischen Nachrichtendienst zu verkaufen. Der Verlust wurde sofort entdeckt, und der Typ wurde verhaftet. In Haft genommen wurde auch unser Agent vom militärischen Nachrichtendienst, Oberst Semjonow. Da er offiziell als Mitarbeiter der Sowjetbotschaft in Bonn galt, wurde er als persona non grata des Landes verwiesen. Der Deutsche verpfiff natürlich auch unseren Agenten von der technischen Industrie-Spionage. Wir wollen ihn Petrow nennen. Es begann die Jagd sämtlicher Geheimdienste Westeuropas samt Polizei und Interpol auf Petrow. Mit vereinten Kräften hatten ihn seine Verfolger buchstäblich innerhalb weniger Stunden ›errechnet‹. An alle Grenzstationen und Polizeireviere ergingen sein Foto sowie seine Personalien. Wiederholt wurde sein Foto im Fernsehen gezeigt, wobei man ihn als gefährlichen Terroristen hinstellte, versteht sich. Sachdienliche Hinweise zu Petrows Person und Verbleib würden honoriert. Selbstverständlich hatte niemand in Deutschland eine Ahnung, daß dieser Mann – Petrow war.

Denn hier lief er unter dem Namen Franz Müller. Was blieb ihm anderes übrig? Setzt doch in solchen Situationen unsere sowjetische Findigkeit ein. Dazu unter anderem auch die marxistisch-leninistische Lehre vom Klassenkampf in der heutigen Phase in den Ländern des Kapitals.

Nachdem er das ›Zeug‹ ergattert hatte, hinter dem er so lange hergewesen war, beschloß Petrow, sich aus dem Staube zu machen, noch bevor man darauf kommen würde, daß dies der einzige Ausweg für ihn war. Wobei er von der Annahme ausging, daß der Verlust bald schon entdeckt und die Spionageabwehr ihm ohne sonderliche Schwierigkeiten auf die Spur kommen würde. Aber wohin sollte er flüchten? Und er beschloß auf Anhieb, sich den ›Hausbesetzern‹ anzuschließen, die leerstehenden Wohnraum besetzten. Was sind ›Hausbesetzer‹? Schwer zu beschreiben. Jede Sorte Gesindel, vorwiegend herumlungernde junge Leute, die ein ›freies‹ Leben führen. Mit einem Wort: ›Klassenbrüder‹. Die Polizei hat zwar eingegriffen, aber sehr lasch und ungern. Die Allgemeinheit, vertreten durch die Journalisten, die kaum von den ›Hausbesetzern‹ zu unterscheiden waren, stand auf der Seite der ›Hausbesetzer‹, jedenfalls nicht auf der Seite der Polizei. Die Hausbesetzung dauerte eine ganze Woche. Während dieser Zeit ließ sich Petrow einen Bart wachsen und nahm ein so unbeschreiblich gräßliches Äußeres an, daß er nicht mehr von den Pazifisten zu unterscheiden war. Er blieb auch noch, nachdem die Polizei das Haus ›im Sturm‹ genommen hatte, bei den Pazifisten. Nach dieser pazifistischen Demonstration schloß sich Petrow der Bewegung einer ähnlichen Höllenbrut an, die gegen den Beschluß der Regierung protestierte, irgendeinen Flugplatz zu bauen. Dann – der Protestbewegung gegen amerikanische Raketen. Dann noch irgendeiner... Kurz, zwei Monate demonstrierte Petrow, protestierte und nahm an Polizeistreiks teil. Keine Spionageabwehr der Welt hätte ihn auf einem dieser Tummelplätze der Abtrünnigen ausfindig machen können. Inzwischen war das Interesse an der Spionageaffäre abgeflaut. Man stellte die Suche nach Petrow ein. Er kehrte seelenruhig in seine Wohnung zurück, nahm wieder sein gewohntes Äußeres an und flog am Tag darauf nach West-Berlin. Und von hier nach Ost-Berlin rüberzukommen, war eine Sache von Minuten.«

Laptew erinnerte sich an die Lesebuchgeschichte von Petrow, dem angeblich nach seiner Rückkehr nach Moskau der Ehrentitel eines Helden der Sowjetunion verliehen worden war, und seufzte. Bevor er sich zu den Pazifisten schlug, müßte er erst einmal unbemerkt aus seiner Wohnung kommen und vor seinen eigenen Leuten Reißaus nehmen. Außerdem stand auch nicht fest, wie man sich ihm gegenüber in Moskau verhalten würde, wenn es ihm überhaupt durch ein Wunder gelingen sollte, bis dahin zu kommen.

Nein, er, Laptew, glaubte nicht an die Geschichte von diesem Petrow. Solche Märchen wurden all den Anfängern in Sachen Spionage aufgetischt, um in ihr reichlich langweiliges Tagewerk ein bißchen Anregung zu bringen.

Wie im Film

Genau in diesem Augenblick setzten in Laptews Leben Ereignisse ein, die entfernt an Spionagegeschichten im Kino erinnerten.

Er blickte aus dem Fenster. Auf der anderen Straßenseite sah er einen Wagen, den er an irgendwelchen unmerklichen Kennzeichen als einen »von uns« ausmachte. Die Ironie des Schicksals wollte es, daß seine letzte Operation als Sowjetagent die Flucht vor seinen eigenen Leuten sein sollte.

»Mein Hauptproblem ist jetzt«, dachte er, »wie ich meinen Leuten entwischen kann. Es ist wahrhaftig etwas Wahres an dem Stoßseufzer: ›Rette mich, Herr, vor meinen Freunden, vor meinen Feinden kann ich mich selber retten.‹ Egal wie, ich muß mich aus dem Staube machen!«

Leichter gesagt als getan. Da hatte er nun so viele Jahre in diesem Haus gewohnt, sich aber nie bemüßigt gefühlt, sich für alle Fälle darüber Gewißheit zu verschaffen, wie man die Wohnung unbemerkt für jemanden, der das Haus von der anderen Straßenseite aus beobachtete, verlassen konnte. Und sowas nannte sich Spion! Eine Schande!

Bevor er die Wohnung verließ, überlegte Laptew, ob er das Licht löschen sollte oder nicht. Wenn er es ausmachte, dachten seine Verfolger, er habe die Wohnung verlassen. Und wenn er es nicht ausmachte, würden sie denken, er habe das Licht extra angelassen, um sie irrezuführen: sollten sie seinetwegen denken, er sei zu Hause, während er... Sie könnten aber auch denken, er habe das Licht ausgemacht und sich schlafen gelegt. Indem er sich in diesen Erwägungen erging, vergaß er schließlich das Lichtproblem und verließ die Wohnung, sogar ohne die Tür zuzumachen. Ihm kam die Pistole auf dem Tisch in seinem Zimmer in den Sinn, die er kein einziges Mal angerührt hatte. Was sollte er damit? Mochte sie ruhig dort liegenbleiben.

Nachdem er sich überzeugt hatte, daß niemand im Treppenhaus war, ging er nach unten. Er öffnete die Haustür einen Spalt weit. Der Wagen der »Seinen« stand noch immer an seinem alten Platz. Einige Meter von der Haustür entfernt stand sein Porsche. Er könnte versuchen, hinter ihm in Deckung zu gehen. Aber wo nahm er die Garantie her, daß ihn dabei keine Überraschung erwartete? Die hatten doch bestimmt irgendeine Schweinerei für ihn in petto. Und selbst, wenn dem nicht so wäre, wäre es jetzt um diese Zeit praktisch unmöglich, die Verfolger abzuhängen. Nein, mit dem »Porsche« wäre er geliefert. Aber auch zu Fuß käme er nicht unbemerkt davon. Wie um ihn zu ärgern, war weit und breit kein Mensch auf der Straße.

›Ich sollte es durch die Waschküche versuchen‹, dachte er. ›Da sind irgendwelche Fenster, die auf den Hof hinausgehen.‹

Er schloß die Eingangstür und stieg in den Keller hinunter. Tatsächlich, da waren die Fenster, und nach draußen zu kommen war eine Sache von wenigen Minuten. Draußen war es dunkel, menschenleer und still. Nur noch wenige Fenster im Haus waren erleuchtet.

›Seltsam‹, dachte er, ›wieso haben meine Verfolger diese Möglichkeit nicht bedacht und nicht auch vom Hof her Beobachtungsposten aufgestellt? Wer weiß, vielleicht haben diese Leute gar nichts mit mir zu schaffen? Und wenn es nun die Spionageabwehr ist, die mich zur Flucht zwingen will? Im übrigen völlig sinnlos, sich darüber den Kopf zu zerbrechen. Da du dich einmal entschieden hast, dich auf und davon zu machen, tu's endlich!‹

Um einiges schwieriger sollte es sich erweisen, den Hof unbemerkt zu verlassen. Hierfür war es nötig, auf das Garagendach zu klettern und sich von dort in den Hof drüben auf der anderen Straßenseite runterzulassen.

Laptew zerriß dabei seinen Anzug, machte sich schmutzig und schürfte sich die Hände blutig.

›Wie absurd das alles ist‹, dachte er. ›Wollte man sich erlauben, sowas im Film zu zeigen, würden die Zuschauer vor Langeweile einschlafen oder das Kino verlassen. Wenn ich es schaffe, aus dieser miesen Situation herauszukommen, erzähle ich nie und niemandem von dieser idiotischen »Flucht«.‹

Er verschnaufte einen Augenblick, brachte seine Kleider in Ordnung und trat auf die Straße. Hier waren noch Leute auf der Straße, niemand beachtete ihn. Er ging zu Fuß zum Taxistand. Vor Lottas Haus sah er einen Wagen der Spionageabwehr. ›Die Verbesserung der Handelsbeziehungen zwischen der Sowjetunion und Westdeutschland trägt ihre ersten Früchte‹, dachte er amüsiert.

Die banale Problemlosigkeit seiner Flucht erstaunte und enttäuschte ihn zugleich. Und machte ihn stutzig. Er konnte sich des Eindrucks nicht erwehren, jemand habe ihn geschickt und mit Vorbedacht manipuliert, er, Laptew, sei nur irgendeine Marionette in einem Spiel. Während er sich das durch den Kopf gehen ließ, fluchte er in den übelsten, noch nicht völlig vergessenen russischen Tönen.

»Nun spielt mal schön, ihr Herren und Genossen, unter euch«, sagte er laut. »Ich werde von nun an nur noch an mich denken! Du hast momentan keine Freunde, Laptew. Du hast nur Feinde.«

Lotta war nicht zu Hause, und darüber war er froh. Hätte ihm gerade noch gefehlt, daß sie von ihm die Zahlung seiner »Schuld« gefordert hätte.

›Ich möchte bloß wissen‹, dachte er, ›wieviele Orgasmen ich ihr noch schulde? Wahrscheinlich nicht weniger als ein halbes Hundert. Nun werde ich also dein ewiger Schuldner bleiben, meine Liebe. Und diese meine Schuld wird mich jetzt mein ganzes Leben hindurch wie ein Alptraum verfolgen...‹

Er hätte am liebsten auf der Stelle wieder das Haus verlassen, um wegzulaufen, der Nase nach. Nur laufen! Was dann kam, würde sich weisen – je nachdem. Noch hatte er genügend Geld. Wie gut, daß er damals die Papiere auf den Namen Laptew behalten hat. Sie sind echt, nicht gefälscht. Laut diesen Dokumenten ist er nun wieder Wladilen Laptew. Und weder seine Leute noch andere werden ihn unter diesem Namen suchen.

Doch irgend etwas hielt ihn zurück, sogleich die Flucht anzutreten. Und wenn nun dieser Erpresser anruft? Und wenn die Gruppe, die ihn ausfindig machen soll, ihn nun im letzten Moment findet und unschädlich macht?

Er konnte nicht wissen, daß Moskau sein Schicksal bereits unabhängig von der Operation »Erpresser« entschieden hatte.

Wodka fand er keinen in der Bar, also mußte er Cognac trinken. Dabei ekelte ihn vor Cognac. Er trank die Flasche aus, setzte sich in den Sessel und schlief ein.

Vor ihm tauchten die entstellten Gesichter des KGB-Chefs, des Herrn des Westens, des Verwalters Westeuropas, des Deutschland-Chefverwalters, des Majors Wlassow, von Stepan Wassiljewitsch Petuschkow, Professor Krylow und General Twischiani auf... Darauf wurden sie alle von der nackten Lotta mit ihren riesigen Pferdezähnen verdrängt, die von ihm verlangte, ihr seine »Schuld« zurückzuzahlen. Darauf erschien die taube Alte und sagte, daß sie Wagners Musik am Körpergeruch dessen, der sie hörte, erkenne. Schließlich erschien der Bettelmusikant und sagte, Betteln habe viele Vorzüge. Einen Bettler würde niemand beneiden. Niemand würde versuchen, einen Bettler zu erpressen. Und Bettler zahlten keine Steuern...

Erwachen

Er erwachte jählings und im Vorgefühl eines großen Unglücks – wie damals in Moskau, ganz zu Anfang seiner Agentenkarriere. Er schaute aus dem Fenster. Der Wagen der Spionageabwehr stand nach wie vor an seinem Platz.

›Gut so‹, dachte er, ›die Genossen aus Moskau werden sich auf diese Weise wohl kaum hierher verlaufen.‹

Er machte seine Gymnastik. Nahm eine kalte Dusche. Rasierte sich den Bart ab. Machte sich einen starken Kaffee. Da klingelte das Telefon. Er blickte in die Richtung, nahm aber den Hörer nicht ab. Das wird er sein, der Erpresser.

»Was bist du doch für ein Kretin, Freundchen!« sagte Laptew gutmütig. »Mit wem hast du dich da eingelassen?! Und alles auf meine Kosten. Aber jetzt hast du das Nachsehen. Denn der sowjetische Spionagedienst findet dich, mein Lieber. Und dann bist du nicht um dein Schicksal zu beneiden. Warum sie dich finden? Du bist, mein Bester, ein Kretin im Quadrat! Weil du dich nun mal nicht in deren Angelegenheiten zu mischen hast. Damit anderen die Lust vergeht. Und überhaupt, der Ordnung halber. Bei uns wird sowas wie du bestraft.«

Angetan von seinem Anblick ohne Bart, begann er sich ohne Hast anzuziehen. Wieder klingelte das Telefon. Aber auch diesmal nahm Laptew den Hörer nicht ab. Er ging in sein Arbeitszimmer, setzte sich an den Schreibtisch und begann betont langsam zu schreiben.

»Darauf«, sagte er laut, »werden meine Freunde von der

Spionageabwehr ganz bestimmt anbeißen. Ausgeschlossen, daß sie es nicht tun! Sollten sie es dennoch nicht, dann bin ich alter Spionagedienstler keinen Heller mehr wert!«

Er faltete das Geschriebene zusammen, steckte es in einen Briefumschlag, versah ihn mit der Adresse des Geheimdienstes und steckte ihn in die Tasche.

Wieder klingelte das Telefon. Es klingelte lange, mehr als zwanzig Mal.

›Kann mir vorstellen, wie nervös dieser armselige Kretin ist. Ist auch nicht schön, wenn einem so ein Sümmchen entgeht. Würde mich interessieren, ob er sein Material an die Presse weitergibt? Hat wohl eher Schiß. Natürlich kann er es an irgendeinen findigen Journalisten verkaufen. Aber das bringt ihm nicht viel. Kann das Material auch anonym an Zeitungen und Zeitschriften schicken. Ist aber höchst zweifelhaft, daß man es ernst nimmt. Nach der Geschichte mit den falschen Hitlertagebüchern sind die vorsichtig geworden. Obgleich, hier ist alles möglich.‹

Schon wieder das Telefon. Laptew nahm ab, legte den Hörer aber sofort wieder auf: Soll der Erpresser nur noch mehr in Panik geraten! Soll ruhig glauben, mit dem Telefon sei etwas nicht in Ordnung! Wieder das Telefon. Laptew wiederholte das Manöver. Das Telefon ging wieder, und Laptew hatte endlich genug.

›Es ist soweit‹, entschied er.

Flucht

>Es ist so weit! Auf geht's, Genosse Laptew, setz dich noch einmal hin, wie es vor einer langen Reise russischer Brauch ist. Eine Schweigeminute. Nun also – auf geht's.<

Er ging in die Garage hinunter. Überzeugte sich, daß alles in Ordnung war an seinem Wagen. Das Geld war da. Die Sachen. Die Papiere. Der Motor lief völlig geräuschlos. Der Tank war gefüllt. Und Laptew verließ für immer das Haus, das sowieso nie sein Haus geworden war.

Der Wagen der Spionageabwehr folgte ihm. Er wäre beinahe mit ihm zusammengestoßen, als er plötzlich am Briefkasten anhielt. Er stieg aus dem Wagen und warf den Brief ein, den er an Herrn Karl adressiert hatte. Die Gesichter derer, die im Wagen hinter ihm saßen, ließen Ratlosigkeit erkennen. Der neben dem Fahrer saß, sprach irgendwas in sein Walkie-talkie. Laptew stieg wieder in seinen Wagen und fuhr weiter auf Umwegen durch die Straßen. Der Wagen seiner Verfolger blieb ihm auf den Fersen. Schließlich fuhr er auf die Autobahn und jagte Richtung Süden, auf die österreichische Grenze zu.

Als er sich der Grenze näherte, blitzte ihm der Gedanke auf: und wenn sie ihn nun erkennen und an der Grenze anhalten? Und er kehrte um. Den ganzen Tag irrte er auf Deutschlands Straßen umher. Er übernachtete in einer kleinen Stadt, deren Namen er nicht einmal zur Kenntnis nahm. Er schlief lange: es galt, die Zeit in die Länge zu ziehen, damit sein Brief indessen den Adressaten erreichen und das eintreten würde, womit er, Laptew, rechnete. Als er das Hotel verließ, hatte er sofort wieder den Wagen der Spionageabwehr hinter sich. Das beunruhigte ihn. Er fuhr schneller. Seine Verfolger blieben hinter ihm.

Wieder übernachtete er in einer kleinen Stadt an der Autobahn. Die Frau, die ihm das Bett für die Nacht zurechtmachte, gab ihm zu verstehen, daß sie nichts dagegen hätte, das Lager mit ihm zu teilen. Er tat so, als habe er nicht begriffen. Schlief schlecht. Wieder quälten ihn Alpträume, die sich schwer von der Realität unterscheiden ließen. Am Morgen machte er aus Gewohnheit völlig automatisch seine Gymnastik, nahm eine Dusche, rasierte sich und wechselte die Kleider. Zum Frühstück nahm er nur eine Tasse Kaffee zu sich. Am nächsten Kiosk kaufte er ein paar Zeitungen. Er warf sie auf den Sitz, erstmals in all diesen Jahren im Westen, ohne sie zu überfliegen. Nach hundert Kilometern machte er Halt, um zu tanken und gleichzeitig eine Tasse Kaffee zu trinken. Beim Durchblättern der Zeitungen fiel ihm zu seinem höchsten Erstaunen eine Meldung ins Auge, wonach sich unter den Toten einer Massenkarambolage auf dem Autobahnteilstück Nürnberg-Würzburg Herr Bastmann, der Mann der Charlotte Ritter, Witwe und Erbin des unlängst verstorbenen Multimillionärs Klaus Ritter befunden habe. Er las die Meldung ein paar Mal. Das hieß also, daß sein Brief seine Wirkung nicht verfehlt hatte!

Damit war er, Wladilen Laptew, also frei. Sein Leben als Sowjetagent im Westen war ein für allemal beendet. Herrn Bastmann gab es nicht mehr. Jetzt konnte sich nichts mehr den sich festigenden Handelsbeziehungen zwischen der Sowjetunion und Westdeutschland in den Weg stellen. Und die Reputation der Frau Ritter würde nicht angekratzt. Sie war nun wieder Witwe und in der beneidenswerten Lage, sich wieder nach einem Freier umsehen zu können.

›Möchte nur wissen, wen der sowjetische Nachrichtendienst als Nachfolger für Herrn Bastmann auf den verantwortungsvollen Posten eines Staatsfreiers ernennt?‹ dachte Laptew. ›Arme Lotta! Nun ist sie doch nicht Baronin von Laptew-Tusenbach geworden!‹

Einige Zeit später bemerkte er wieder den Wagen mit seinen Verfolgern hinter sich. Was war los?! Sollte er sich geirrt und seine eigenen Leute für den Staatssicherheitsdienst gehalten haben? Er beschleunigte. Seine Verfolger blieben ihm auf den Fersen. Sie kamen sogar näher. Er konnte bereits deutlich ihre Gesichter erkennen.

Da sah er auf einmal, wie der Mann neben dem Fahrer des Verfolgerwagens nach dem Walkie-talkie griff und sich in seinem Gesicht Verwunderung breitmachte. Er redete irgend etwas, nickte mit dem Kopf und sagte etwas zu dem Fahrer, worauf der Verfolgerwagen sofort seine Geschwindigkeit verringerte. Bald war er ganz aus seinem Blickfeld entschwunden...

Epilog

Der Dozent war mit seiner Geschichte zu Ende. Der für die Klassenordnung zuständige Student wischte die unanständige Zeichnung von der Tafel. Es klingelte zur Pause. Die Kursteilnehmer verließen unter Gelächter über die »Märchen« des Dozenten das Auditorium. Einer der Hörer trat auf den Dozenten zu.

»Darf ich Ihnen ein paar Fragen stellen?« fragte er.

»Bitte.«

»Was stand in dem Brief, den Laptew geschrieben hat?«

»Versuchen Sie doch, selbst darauf zu kommen. Sie können es aus dem, was ich gesagt habe, selbst entnehmen.«

»Warum hat ihn die Spionageabwehr davonfahren lassen?«

»Wen? Laptew oder Bastmann? Bastmann war tot.«

»Dann also Laptew.«

»Und was wäre passiert, wenn sie ihn festgenommen hätten? Was gab es für Beweise, daß er ein Spion war?«

»Weshalb hätten sie ihn dann verfolgen sollen? Und wieso haben sie ihn überhaupt verfolgt?«

»Die haben so ihre professionellen Spielregeln.«

»Hat ihn unser Nachrichtendienst absichtlich entkommen lassen oder ist es ihm tatsächlich selber geglückt, sich mit diesen primitiven Manövern aus der Affäre zu ziehen?«

»Was heißt hier primitiv? Bekanntlich ist alles Geniale

einfach. Und auch unser Nachrichtendienst hat seine professionellen Spielregeln.«

»Und wohin ist er verschwunden?«

»Was glauben Sie, wohin?«

»Er hätte zum Beispiel weiter als Agent arbeiten können! Bei seinen Erfahrungen und Landeskenntnissen!...«

»Nein, das nicht. Spione dieses Kalibers spielen ihre Rolle nur einmal im Leben.«

»Entschuldigen Sie, wenn ich noch eine letzte unbescheidene Frage habe: woher haben Sie eigentlich die ganze Geschichte, die Sie uns da erzählt haben?«

Der Dozent zuckte mit den Schultern und verließ den Hörsaal, ohne die Frage zu beantworten.

München, Juni 1985

Einige Hinweise

Integrierte Sanitärzelle: gemeint sind die winzigen Räume mit WC und Sitzbad in zu Chruschtschews Zeiten gebauten Wohnungen.

»Die Wahl des Institutsdirektors und KGB-Generals Twischiani«: Einige wissenschaftliche Forschungseinrichtungen der Akademie der Wissenschaften sind faktisch Einrichtungen des KGB.

Wtscheka (Tscheka): Die »Allrussische Außerordentliche Kommission zur Bekämpfung der Gegenrevolution und Sabotage« wurde 1917 von F. E. Dzierzynski gegründet und war die Vorgängerin und Ahnherrin der Staatssicherheitsorgane. Noch heute werden die Mitarbeiter des KGB manchmal als Tschekisten bezeichnet.

Lawrentij Pawlowitsch Berija (1899–1953): Handlanger Stalins, einer der blutigen Henker in den Jahren des Stalinismus.

»...um dann zu Witzen überzugehen, die mit jedem Glas antisowjetischer wurden«: Antisowjetische Witze waren in der Ära nach Stalin in den Kreisen der dem KGB nahestehenden Intelligenz eine normale Angelegenheit.

»...da die meisten wissenschaftlichen Arbeiten des Generals aus seiner, Laptews, Feder stammten«: In der Ära nach Stalin wurden besonders Parteibeamte und Mitarbeiter des KGB buchstäblich mit akademischen Graden überschüttet. In der Folge gingen diese in großer Zahl, als Wissenschaftler getarnt, als Agenten in den Westen.

»Natürlich nicht unter Petuschkow, sondern unter irgendwelchen Phantasienamen wie Kurotschkin, Gusev, Woronin, Solowjew oder Krylow«: russisch Hühnchen, Gänserich, Rabe, Nachtigall, Flügel. Vergleiche auch weiter unten *»Ptizyn«:* von russisch Vogel.

Alexander Sinowjew
im Diogenes Verlag

Ohne Illusionen
Interviews, Vorträge, Aufsätze
Aus dem Russischen von Alexander Rothstein
Leinen

Ich bin für mich selbst ein Staat
Betrachtungen eines russischen Kosmopoliten
Aufgezeichnet von Adelbert Reif und
Ruth Renée Reif. Leinen

Der Arm des Kremls
Komödie. Deutsch von G. von Halle
Broschur

Kommunismus als Realität
Deutsch von Katharina Häußler
detebe 20963

Wir und der Westen
Interviews, Vorträge, Aufsätze
Deutsch von Wera Rathfelder
detebe 20997

Lichte Zukunft
Deutsch von Franziska Funke und Eberhard Storeck
Mit einer Beilage ›Über Alexander Sinowjew‹ von Jutta Scherrer
detebe 21133

Homo sovieticus
Roman. Deutsch von G. von Halle
detebe 21458

Gähnende Höhen
Deutsch von G. von Halle und Eberhard Storeck
detebe 21548

Der Staatsfreier
oder Wie wird man Spion. Roman. Deutsch
von Wilhelm von Timroth. detebe 21695

Weitere Werke in Vorbereitung

Inhalt

Prolog 9
Erwachen 10
Petuschkow 17
Konferenz der »oberen
  Etage« 19
Verwaltung West 21
Chefverwalter
  Deutschlands 22
Der Verwalter
  Europas 24
Herr des Westens 25
Der VW-Arbeitstag 26
Agentenanwerbung 28
Der Agentenkandidat 31
Das Angebot 36
Bedenken 43
Der Entschluß 45
Die KGB-Schule 46
Viktor 49
Tanja 50
Der Agentenkrieg 53
Gespräche 54
Auswahl 56
Die Agenten-
  operation 57
Be- und Ausnutzung der
  Bevölkerung 58
Im Auftrag 59
Innere Emigration 59
Geheime Träume 62
Für alle Fälle 63

Lady KGB-Haupt-
  mann 65
Oberst Kljausow 66
Agentenausbildung 68
Gespräche mit früheren
  Spionen 70
Letzte
  Anweisungen 73
Petuschkow 75
Wissenschaftliche
  Delegation 78
Letzte Tage in der
  Heimat 81
Zur Theorie der
  Flucht 82
Das Fluchtproblem 85
Die Flucht 88
Die Flucht wird
  entdeckt 89
Im Land der Freiheit 93
Die ersten Tage nach der
  Flucht 95
Erste Lebenserfahrungen im
  Westen 96
Der Weg zum
  Verhör 97
Verhör 100
Mittagspause 103
Pensionsnachbarn 104
Verhör 105
Abschiedsessen 109

Beratung bei der Spionage-
   abwehr 110
Im Innern des
   Feindes 112
Praktische Erfahrung 114
Im Innern des Feindes 116
Privatleben 119
Der Bettelmusikant 121
Psychoanalyse 121
Beginn der aktiven Tätigkeit
   als Agent 124
Operation Eins 127
Alltag 129
Nacht 131
Routine 134
Agentenkarriere 139
Neue Etappe 142
Wo der Hund begraben
   liegt 143
Dolce Vita 146
Wort gleich Tat 147
Höhere Gesellschaft 152
Lotta 154
Zu Hause 157
Operation »Witwe« 159
Die Kanarischen
   Inseln 162
Rückkehr 163
Der entscheidende
   Faktor 164
Von Laptew 166
Historischer Sieg 168
Auf dem Gipfel der Agenten-
   karriere 170

Konflikt mit
   Moskau 173
Entscheidung 173
Wichtiges Gespräch 176
Die Meinung der Spionage-
   abwehr 179
Arbeitsroutine 182
Lebensroutine 184
Beim »Todes-
   fabrikanten« 185
Die Meinung des
   Herrn Karl 192
Vergangenheit 195
Kluft 197
Traurige
   Konsequenzen 199
Vorgefühl einer
   Veränderung 199
Im Familienkreis 201
Auf dem Wege zum
   Ziel 203
Hannelore 204
Radikaler Bruch 206
Provokation 208
Beim Durchlesen von
   Zeitungen 209
Plötzliche Wende 212
Der wahre Feind 213
Erpressung 215
Alarm 217
Erster Tag 218
In der Oper 220
Besprechung in
   Bonn 223

Zweiter Tag 226
Dritter Tag 228
Vierter Tag 229
Fünfter Tag 231
Sechster Tag 233
In der Junggesellen-
   wohnung 234
Moskauer Gäste 235

Theorie und Praxis der
   Flucht 237
Wie im Film 242
Erwachen 247
Flucht 249
Epilog 252

Einige Hinweise 254